ビジネスモデルを可視化し
新規事業開発を
加速させるフレームワーク

事業構想を「書く」

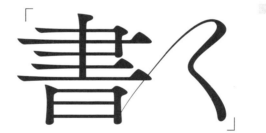

堀 雅彦

株式会社 NEWh 執行役員

はじめに

新規事業開発を加速させるための方法論

　本書は、事業開発コンサルティングに従事するプロフェッショナルなメンバー、そして100を超えるさまざまな新規事業プロジェクトを通じて生まれた思考や気づきを実践知として結集させた、新規事業開発を加速させるための方法論です。

　10年間にわたってさまざまな新規事業開発に関わらせていただく中で、志をもち、世の中に新たな価値提供を実現しようとされている起案者、推進者の方へのリスペクトの念は、私の中で日々強くなっています。一方で、そうした方々の孤独感や不安感、焦燥や葛藤、そして苦しまれているシーンをこれまで数多く目にしてきました。

　複雑で曖昧性を孕む新規事業開発に挑戦されている方、あるいはこれから挑戦される方を支えたい。起案者、推進者の不安と葛藤を少しでも解消したい。一歩でも、プロジェクトが前に進む手助けをしたい。その結果として、日々驚きと感動が訪れるイノベーション溢れる社会、日本となってほしい。そんな想いを本書に込めました。

新規事業開発の３つの難しさ

　新規事業開発にはその特性から生まれる３つの難しさがあります。
　１つ目は「視野・視座・視点の切り替え」の難しさです。新規事業開発とは、仮説検証を繰り返しながら、事業が持続的に成立するビジネスモデルを探

索し続ける営みです。その中で、「顧客」「課題」「戦略」「利益」「価値」「仕組み」などさまざまな要素と向き合うことになります。これらの要素は個々に独立しておらず、それぞれつながりがあります。

　さまざまな要素と向き合うために視点を切り替え、具体と抽象を行き来するために視座を切り替え、部分と全体を見るために視野を切り替えなければなりません。これを縦横無尽に行うことが新規事業開発の思考法といえるのですが、この難しさはプロジェクト経験がない方であっても想像に難くないと思います。

　2つ目は「メンバー内での認識のずれがあちこちで起こる」難しさです。「顧客」「課題」「戦略」など向き合う要素の数が多いうえにそれぞれが意味するところも曖昧なので、メンバーによって解釈が異なることが頻発します。1つの要素に対する認識のずれは、やがてビジネスモデル全体の認識の大きなずれにもつながります。1つのビジネスモデルを見ているようで、実はまったく別のものをメンバーそれぞれが見ているという事態が往々にして起こっているのです。

　3つ目は「不規則に進む仮説検証活動」の難しさです。新規事業開発の仮説検証は、ウォーターフォール的なあらかじめ決まったプロセスをたどりません。むしろ、行ったり来たりを繰り返す不規則なプロセスをたどります。

　また、優先的に検証すべきことは、事業特性や検討ステージ、社内の意思決定基準、ひいては文化・風土次第で変わるものです。新規事業開発はこの手順通りにやれば大丈夫、という鉄板レシピのような方法論はないのです。

003

３つの難しさは「書く」と解消できる

　新規事業開発の現場でこの３つの難しさを乗り越えるために、本書では「バリューデザイン・シンタックス」（VALUE DESIGN SYNTAX：VDS：シンタックスとは文章の組立て、構文を意味する単語）とよぶ実践的なフレームワークを紹介しながら、向き合うべき要素やそれぞれのつながり、思考法について解説します。

　ビジネスモデルを20個の要素からなる３つの領域「コンセプト」「戦略」「利益モデル」でとらえ文章形式で言語化できるフレームワークです。

　たとえば、「廃棄予定食品を専門で取り扱うマーケットプレイス」のビジネスモデルを VDS で言語化し、文章にすると次のようになります。

・食品メーカーにとってフードロスへの取り組みは、世の中的な環境意識の高まりとともに、食品廃棄に伴う損失は年間数千～数億円にものぼるケースもあり、喫緊で取り組む必要のあるテーマとして認識している企業は非常に多い。

・一方で、フードロスへの取り組みとして賞味／消費期限が近づいた商品を値下げして既存流通経由で販売するという方法はあるものの、ブランド毀損や小売業者との関係性悪化にもつながりうるため、取り組みたいが取り組めていないジレンマを抱えている。

・この課題に対して、生活者が廃棄予定食品を購入すると、購入額の一部が社会貢献活動への寄付につながる仕組みをもつ、既存小売流通とは異なる廃棄予定商品のみを取り扱う独自の社会貢献型のマーケットプレイスを提供することにより、

- 廃棄コストの削減と売上創出を、ブランド毀損と既存小売流通との関係性悪化なく実現できる状態を価値として提供する。
- 現状、食品メーカーにとって廃棄予定食品は従前ディスカウントストアに流すか、一定の費用を伴って廃棄するかという手段が中心であり、これらが競合／代替品となるが、
- このビジネスは、ブランド毀損や取引先関係等のリスクの少なさも含めた圧倒的な『はじめやすさ』を構築することで選ばれる理由となる。
- 「圧倒的なはじめやすさ」をつくり出す前提として、廃棄直前だとしても商品の毀損なく売り切れる力が肝となるが、
- 我々には、食品の取り扱い知識と、賞味期限が近い商品を確実に求める人に届ける流通／物流ノウハウがあり、また想定パートナーのＡ社は、求める人に、求める商品の情報を、即時に届ける仕組み構築に不可欠なデータサイエンス人材を多く抱えており、実現可能だと考えている。
- さらに、事業活動を通じて、廃棄予定食品に対しての消費者の購買／嗜好データが蓄積されていくため、事業活動の継続は売り切れる力／精度をより高めることにつながり、フードロス削減への貢献実績と信頼を通じて、顧客により選ばれ続ける状態となることが可能である。
- 利益モデルは、安く美味しい食品と出会える体験に対して、利用者（消費者）側からの商品代金が収入源であり、コスト構造は食品メーカーからの廃棄予定食品の仕入れ原価および購入者への配送に伴う配送料が重く、これらが採算性を左右する重要コストとなる。
- 各種検証をふまえ、仕入れ原価と個あたり配送料を賄う単価で消費者が購入をしてくれることは証明されており、粗利創出は見込める状態にある。一方で固定費回収に耐えうるユーザー規模が本当に見込めるのかについて、今後検証をしていきたい。

11の短文（箇条書き）で向き合っているのはビジネスモデルを構成する個々の要素です。

要素（短文）を切り替えながら書くと同時に、それらを1つに連ねた文章全体としての整合をはかることは、「視野・視座・視点の切り替え」にほかなりません。書く行為は思考の切り替えを無意識に、無理なく支えてくれるのです。

また、チームで共通形式の言語化と向き合えば、どこで、どのように認識のずれが起きているかが明確に可視化されます。これは「メンバー内での認識のずれがあちこちで起こる」難しさを解消していく議論の起点になります。

さらに、文章で事業構想を言語化しようとすると、思考や検討状況の濃淡が如実に浮かび上がります。これは「不規則に進む仮説検証活動」において、次に向き合うべき要素や論点を明らかにする羅針盤になります。

このように、事業構想を「書く」ことは、新規事業開発の3つの難しさの解決につながるのです。

想定する読者

本書は主に次のような方々をメインの読者として想定しています。
・事業開発をまさにいま推進している担当者やリーダー
・これから新規事業開発を担うビジネスパーソン
・新規事業開発の意思決定者や評価者

　筆者の経験も含め、基本的には企業内の新規事業開発というシーンに基づく方法論ですが、ビジネスモデルとは何か、新しいビジネス・価値をどう生み出していくのかという問いと向き合う内容となっています。
　ですので、次のような方々にとっても大いに役立てていただけるはずです。
・スタートアップで働かれているビジネスパーソン
・これから起業を考えている方
・ビジネスを学ぼうとされている学生の方々

　複雑な新規事業開発をできるかぎり構造的にとらえていただくために、160点超の図版を掲載してわかりやすく解説するようにつとめました。

　みなさんの新規事業開発が一歩でも前に進み、加速されることを切に願っています。それでは、始めましょう。

NEWh 堀雅彦

本書の構成

本書は、バリューデザイン・シンタックスの全体像をつかみ、フレームワークを構成する要素とその関係性を理解したうえで、実際の活用を学ぶという大きな流れとなっています。

第1部では新規事業創造活動の難しさやボトルネックについてふれた後、その解決策としての事業構想を「書く」意義とメリットについて説明し、

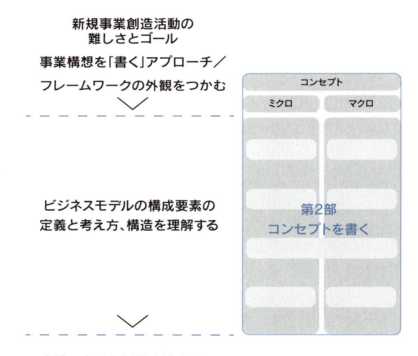

フレームワークの全体像を解説します。

第2部から第4部では、コンセプト、戦略、利益モデルの3つの領域ごとにそれぞれを構成している要素の定義と考え方について解説します。

最後の第5部では新規事業開発の現場における VDS の書き方と活用方法を記載例と合わせて詳しく述べます。

第1部
事業構想を「書く」アプローチの全体像

第5部
バリューデザイン・シンタックスの実践

Contents

はじめに　002

本書の構成　008

第1部

事業構想を「書く」アプローチの全体像……021

第1章　なぜ新規事業開発はうまくいかないのか………022

1-1　新規事業開発のボトルネック…………022

1-2　ビジネスモデルとは何か………………024

1-3	事業構想のゴール	026
1-4	確信と確証をつくり出すための基本動作	032
1-5	事業構想における2つの落とし穴	037
1-6	事業構想を「書く」というアプローチ	039

第2章 事業構想フレームワーク「バリューデザイン・シンタックス」 042

2-1	バリューデザイン・シンタックスとは何か	043
2-2	6つの問いとVDSの対応	046
2-3	VDSを書いた際の3つのパターン	047

第1部	まとめ	050

第2部

コンセプトを書く········· 051

第3章 コンセプトをつくる ········· 052

3-1 コンセプトとは何か ····················· 052

3-2 コンセプトづくりで
    頓挫してしまう2つのケース ··············· 053

3-3 コンセプトにも求められる確信と確証···· 056

第4章 顧客を決める ··················· 058

4-1 顧客の3階層 ························· 058

4-2 まず向き合うべき顧客は誰か ············· 061

4-3 ターゲット顧客を選定する5つのステップ··· 067

4-4 事業の育て方を描く成長ストーリー ····· 069

4-5 成長ストーリーの鍵となるKGIストーリー ···071

4-6 KGIストーリーから9つの観点の
優先順位をつける ･････････････････････････････ 074

第5章 課題を設定する ･････････････ 076

5-1 問題と課題の違い ･････････････････････････ 076

5-2 よい問題とよい課題 ･･････････････････････ 078

5-3 よい課題を見出すイシューマップ ･･･････ 082

5-4 あるべき問題と課題のとらえ方 ･･････････ 085

第6章 手法・価値を見つける ･････ 090

6-1 手法・価値とは何か ･･････････････････････ 090

6-2 コンセプトダイヤモンド ･････････････････ 093

6-3 手法と価値を言語化する意味 ･･････････････ 100

6-4 手法・価値の発想法 ･･････････････････････ 102

第2部 まとめ ･･･････････････････････････ 106

第3部
戦略を書く 109

第7章 競合をとらえる 112

7-1 見える競合と見えない競合 112
7-2 競合を可視化する 114
7-3 完全競合 115
7-4 問題競合 117
7-5 目的競合 118
7-6 時間競合 119
7-7 コンセプトと4つの競合の関係性 120
7-8 事業の新規性の程度に応じて競合は異なる 122

第8章 競争環境を把握する 126

8-1 競争軸とは何か 126
8-2 顧客の目線：判断軸 127

8-3	事業者の目線：訴求軸 · 130
8-4	顧客と事業者の2つの目線から 競争軸をあぶり出す · 132
8-5	競争環境を可視化する · 134

第9章 優位性を見出す · · · · · · · · · · · · · · · · · 138

9-1	優位性とは何か · 138
9-2	選ばれる理由：フックを規定する · · · · · · · · · 139
9-3	フックの規定に有効な優位性ツリー · · · · · · 140
9-4	構築の「肝」と優位性の「源泉」 · · · · · · · · · 142
9-5	選ばれ続ける理由：ロックを規定する · · · · · 148
9-6	ロックは時間軸で考える · · · · · · · · · · · · · · · · · · · 153

第3部　まとめ · 158

第4部
利益モデルを書く ·········· 161

第10章 収益性と向き合う ············ 164

10-1　収益性とは何か ················· 164
10-2　収益性の4階層 ················· 168
10-3　バリューエコノミクス ················· 169
10-4　ユニットエコノミクス ················· 173
10-5　ビジネスエコノミクス ················· 176
10-6　インベストエコノミクス ················· 180
10-7　4つのエコノミクスの関係性 ··············· 183

第11章 コスト構造をつかむ ·········· 186

11-1　コスト構造とは何か ····················· 186
11-2　ビジネスモデルによってコスト構造は変わる
　　　 ····················· 188

11-3 価値提供コストが重い事業 ················ 189

11-4 規模実現コストが重い事業 ················ 191

11-5 維持運営コストが重い事業 ················ 192

11-6 立上げ／強化コストが重い事業 ············ 192

第12章 収益モデルをつくる ·········· 194

12-1 収益モデルとは何か ···················· 194

12-2 回収エンジン ························ 195

12-3 料金モデル ························· 198

12-4 料金モデルに求められる6つの整合性 ···· 200

12-5 意思決定構造との整合性 ················ 201

12-6 課題特性との整合性 ·················· 203

12-7 競争／戦略との整合性 ················· 205

12-8 コスト構造との整合性 ················· 206

12-9 価値特性との整合性 ·················· 208

12-10 事業目標との整合性 ·················· 210

12-11 料金モデルを考える際の問いの全体像 ···· 212

12-12 収益モデルをつくる ·················· 213

第4部 まとめ ································ 217

第5部

バリューデザイン・シンタックスの実践 …… 221

第13章 VDSの書き方 …………………… 222

13-1 コンセプトの書き方 ………………………… 222

13-2 戦略の書き方 …………………………………… 230

13-3 利益モデルの書き方 ………………………… 240

13-4 VDSの書き方の全体像 ……………………… 249

第14章 VDSの活用方法 ………………… 252

14-1 事業構想におけるVDSの活用場面 ……… 252

14-2 VDSの4つの活用ステップ ………………… 253

14-3 ステップ1：VDSを書く ……………………… 255

14-4 ステップ2：
認識のずれを可視化し統合する ············ 256

14-5 ステップ3：
現在地を可視化し弱点を見出す ·········· 258

14-6 ステップ4：ネクストアクションを見出す ·· 264

14-7 VDSを用いた事業構想サイクル ··········· 266

14-8 市場規模（TAMSAMSOM）とVDS ······· 268

14-9 2サイド／マルチサイドビジネスに
おけるVDS活用 ······················· 272

14-10 BtoB事業におけるVDS活用 ··············· 273

14-11 VDSにおける発想の起点 ················· 274

14-12 企業内事業開発を前に進めるための
4つの観点 ···························· 276

第5部　まとめ ································ 279

おわりに　281

本書に関するお問い合わせ　285

会員特典データのご案内　286

著者略歴　287

第1部
事業構想を「書く」アプローチの全体像

　新規事業開発は不確実性の塊です。だからこそ多くの新事業が世に出し試す機会を得るべきです。しかし、企業の新規事業開発に関する取り組みの活性化に反して企業内の意思決定を突破し、世に出る新事業は多くはありません。

　過去の実績やノウハウが存在しない中、どれだけ精緻に計画や論拠をそろえたとしても意思決定者の納得を得ることはできません。

　ロジックや数字だけでは事業開発は前には進まないのです。

　ロジックや数字をもとにした「確証」ももちろん必要ですが、それと同時、あるいはそれ以上に、徹底的に具体にふみ込み解像度を高めた結果得られる、「この新規事業はいける」という「確信」も欠かせません。

　とはいえ、不確実で曖昧で複雑性を孕む活動を迷わずに走り切ることは容易ではありません。

　第1部では、事業開発が停滞している要因を探るとともに、事業構想を前に進め、新規事業を世に出す意思決定を突破するために有効な事業構想を「書く」というアプローチと、それを実践するフレームワーク「バリューデザイン・シンタックス（Value Design Syntax：VDS）」について解説します。

第1部　事業構想を「書く」アプローチの全体像

第1章
なぜ新規事業開発は
うまくいかないのか

1-1
新規事業開発のボトルネック

1-1-1　アイデアを世に出し試す機会が得られない

　「イノベーション」「第二創業期」「第三の柱」といった言葉をここ数年でよく見聞きするようになりました。業種や規模問わずさまざまな企業で新規事業創出に向けた取り組みが積極的に展開されている一方で、社会的に成功事例とよべる取り組みは数少ないのではないでしょうか。なぜ新規事業開発は難しいのか。

　企業内の新規事業開発は、スタートアップにおける事業創造とはまた異なる特性と難しさを孕んでいます。ヒト・モノ・カネのリソースが潤沢にあるのは強みであると同時に、関わる人の数、突破すべき意思決定の数、考慮すべき観点の数は非常に多くなります。新規事業は不確実性の塊であり、「試してみないとわからない」とも表現できる領域です。

　だからこそ、**いかに世に出して試す機会をつくれるか**こそが、新規事業を成功させる唯一の鍵ですが、世に出す機会を得るためには、社内の意思決定を突破する必要があります。社内の意思決定を突破し、世に出て、試す機会を得る新規事業の数が絶対的に少ない。これが、新規事業開発が停滞している大きな要因の1つだととらえています（図1-1）。

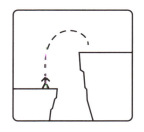

事業開発において
「意思決定の突破」は大きなハードルの1つ

「試す機会」を得ることなく
埋もれていくアイデアが山のように存在する

図1-1　アイデアと世に出して試すの間には「意思決定の突破」という大きな崖が存在する

1-1-2　世に出る新規事業が少ない理由

なぜ世に出る新規事業が少ないのでしょうか。新規事業開発には大きく分けると図1-2のように5つのステップがあります。

図1-2　新規事業開発のステップ

1つ目の機会探索とは、全社として設定されているような新規事業方針をもとに、向き合うべき問題やビジネスチャンスとしての機会を探索するステップです。2つ目のアイデア発想とは課題を解決するソリューションアイデアを発想するステップです。アイデアの筋がよければビジネスモデルを描く事業構想のステップに進みます。

その後、ビジネスモデル自体の可能性、蓋然性を仮説検証を通じて証明できれば実際の構築（開発）を経て、上市へと進みます。

世に出す上市までには、このように組織内において機会探索、アイデア発想、事業構想（ビジネスモデル）という3つの山を乗り越えなければいけません。これまでさまざまな企業の新規事業プロジェクトに関わらせていただく中で、

事業構想のステップでつまずいてしまい、プロジェクトが停滞してしまう事態をたくさん目にしてきました。

有望なアイデアがあるにもかかわらず、社内の意思決定者を納得させられるビジネスモデルを検証をふまえて描ききることができず、社内承認を突破し世に出すところまで至らない。

つまりはアイデアを、世に出す価値のあるビジネスモデルへと引き上げるステップである「事業構想」こそが、新規事業開発が停滞している最大のボトルネックであると考えています。

1-2
ビジネスモデルとは何か

1-2-1　7つの要素で構成される

事業構想のステップがボトルネックとなる理由にふみ込む前に、事業構想のステップで向き合う「ビジネスモデル」という言葉の意味を考えてみましょう。

ビジネスモデルという言葉の定義はさまざまな書籍で語られていますが、それぞれでとらえている観点や、範囲は微妙に異なっており、世の中的に画一的な定義がまだない言葉です。

本書ではビジネスモデルを**事業が持続的に成立することを示す全体構造**と定義します。ビジネスモデルは「顧客」「課題」「価値」「手法」「戦略」「仕組み」「利益モデル」（「料金モデル」と「コスト構造」を合わせたもの）の7つの要素で構成され、それぞれの要素間にはつながりがあります。

このつながりこそがビジネスモデルの定義における「全体構造」です（図1-3）。

第1章　なぜ新規事業開発はうまくいかないのか

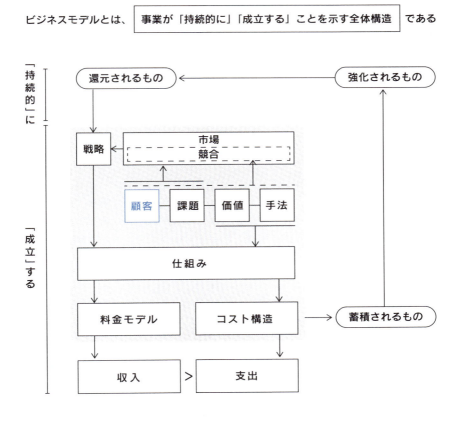

図1-3　ビジネスモデルとは事業が持続的に成立することを示す全体構造

第1部　事業構想を「書く」アプローチの全体像

1-2-2　ビジネスモデルの構造

　顧客の抱える課題に対して渇望される価値を、実現可能な手法により提供する中で、顧客と課題を「群」としてとらえたものが市場となり、市場の中には、自らが提供する価値や手法に応じて必ず競合が存在します。

　競合がひしめく中で、自社が選ばれる理由が戦略として明言されている必要があり、戦略や価値と手法は仕組みを通じて体現されていきます。

　仕組み次第で事業のコスト構造は定まり、仕組みを考慮した料金モデルを通じて生まれる収入と支出が均衡します。これが「事業が成立する」構造です。

　さらに事業活動を継続する中で、事業内に蓄積されるものは事業活動における何かを強化し、顧客体験や自社の優位性に還元されていきます。これが、事業が時間の経過とともにより強固となり選ばれ続ける、「持続的に」「成立する」を表しています（図1-3参照）。

　これをふまえてビジネスモデルという言葉をもう一歩ふみ込んで表現すると、**共通の課題を抱える顧客が渇望する価値を、実現可能な仕組みを通じて提供し、競合と本質的に差別化することで利益を生み出し続ける構造**と定義できるでしょう。

　ビジネスモデルを描くうえでは、この構造を理解したうえで各要素が整合性をもってつながる1つのストーリーをつむぎ上げることが何より重要です。

1-3
事業構想のゴール

1-3-1　事業構想は「点」から「線」へ

　話を事業構想がボトルネックとなる理由に戻すと、事業構想の手前のステップである機会探索や、アイデア発想は新事業を考えるうえで焦点をあてる課題

や解決策のアイデアであり、これらはビジネスモデルの「点」にすぎません。

事業構想で向き合うビジネスモデルを描くには「点」から「線」へ、「部分」から「全体」へと視座を高め、視野を広げていく必要があります（図1-4）。

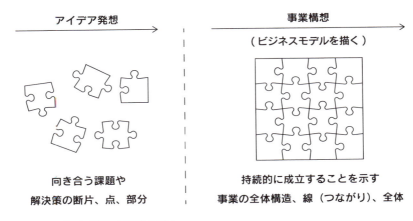

図1-4　アイデアとビジネスモデルの違い

事業構想のステップでは、意思決定者に対して自らのビジネスモデルを、整合性をもった1つのストーリーとして伝え、納得してもらい、承認を得る必要があります。上申の場では四方八方からさまざまな指摘、質問が飛び交い、起案者はそれらの問いに対して明確な論拠をもって答えることが求められます。

1-3-2　事業構想の6つの問い

事業構想において意思決定者側が求め、起案者側が答えるべき問いは、ビジネスモデルの構造と各要素に紐づくように6つあります（図1-5）。

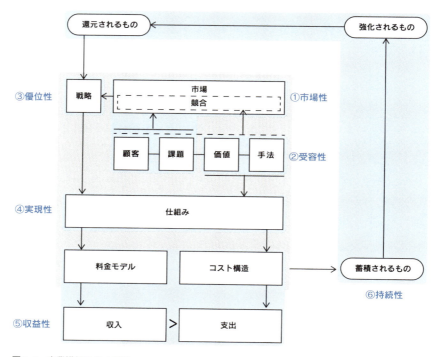

図1-5 事業構想の6つの問い

①**市場性**：そもそも顧客は実在し、課題は逼迫性の高いものなのか？ 十分なサイズが見込まれる市場をとらえているのか？
②**受容性**：提供する価値は求められているのか？ 渇望されているのか？
③**優位性**：その戦略で勝てるのか？ 選ばれるのか？
④**実現性**：解決策／手法、仕組みは実現可能なのか？
⑤**収益性**：収支が成立し、利益は生まれるのか？
⑥**持続性**：持続的なビジネスモデルか？

ここに新規事業開発という業務の難しさがあります。既存事業であれば、ある程度過去のデータや経験、知見が社内にあり、それらを組み合わせることにより6つの問いの回答を確からしく証明することはできるかもしれません。

1-3-3　ロジックと数値だけでは事業構想は進まない

　しかし新規事業は多くの場合、前提となる情報や知見、経験、データはありません。その中で、どれだけロジックや数値を用いて6つの問いに向き合ったとしても意思決定者の納得感を得ることは難しいのです（図1-6）。

6つの問い	①市場性	②受容性	③優位性	④実現性	⑤収益性	⑥持続性
関連するビジネスモデル要素	顧客 課題 市場 ▼	価値 解決策 ▼	競合 戦略 （優位性） ▼	仕組み 解決策 ▼	利益 モデル ▼	持続 サイクル ▼
論拠	市場規模 市場成長 データ	受容性 定量調査 データ	明確で論理的な 優位性の言及	仕組みの 全体構造資料	論理的な 収支計画 シミュレーション	明確で論理的な 持続サイクル

図1-6　ロジックと数値だけでは納得できない

　自社にとって方向感や経験値の乏しい新規事業において、図1-6のような状態で起案者が承認の場にもち込んできたら、あなたが意思決定者だとしたらどう感じるでしょうか。ヒト・モノ・カネのリソース追加投入を承認できるでしょうか。

　「話としてはわかる。ロジックも通っており、数値は魅力的だ。ただ、本当に顧客はいるのか？　本当に実現できるのか？　競合他社との違いを生み出せるのだろうか？」と思うのではないでしょうか。

　どんなに確からしいロジックや魅力的な数字で構成されたビジネスモデルだったとしても、抽象度が高く具体性に欠けていては納得はできません。**事業構想はロジックと数値だけでは意思決定を突破し、前に進めることはできないのです。**

1-3-4 事業構想におけるゴール：確信と確証

では、何が必要なのか。筆者らは、事業構想を前に進めるために起案者がめざすべき状態を「確信」と「確証」という2つの言葉で定義しています（図1-7）。

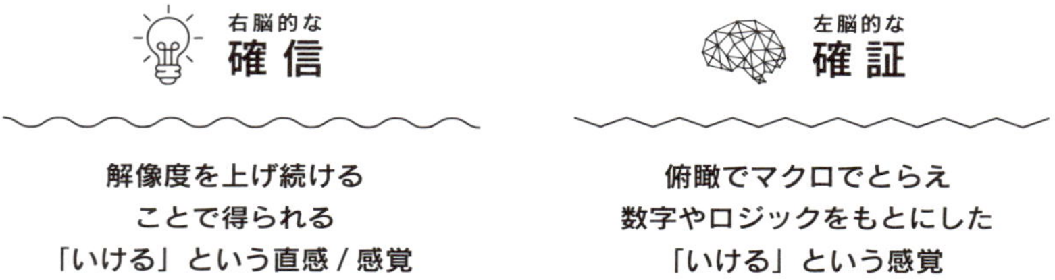

右脳的な 確信	左脳的な 確証
解像度を上げ続けることで得られる「いける」という直感/感覚	俯瞰でマクロでとらえ数字やロジックをもとにした「いける」という感覚

図1-7　事業構想のゴールは確信と確証

　確信とは、ミクロの視座で解像度を徹底的に上げ続けながら6つの問いと向き合った結果得られる「いける」という直感ともいえる感覚を指します。数字やデータ、ロジックではありません。
　一方、**確証とはビジネスモデルを俯瞰、マクロの視座でとらえ、数値とロジックを用いて6つの問いに向き合った結果得られる「いける」という感覚**を指します。
　左脳的に「いける」という感覚をつむぐのが「確証」だとすると、右脳的に「いける」という感覚をつむぐのが「確信」と表現できるでしょう。
　6つの問いに対して、自らのビジネスモデルをミクロとマクロの双方の視座で向き合うことにより得られる「確信」と「確証」の2つがそろって初めて、意思決定者の納得を得て、事業構想を前に進められるのです（図1-8）。

第1章 なぜ新規事業開発はうまくいかないのか

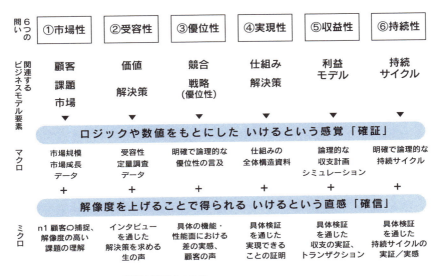

図1-8 ミクロとマクロで確信と確証をつむぐ

1-3-5 新規事業がめざすべき状態

　図1-6と比べると、図1-8の内容は6つの問いに対してミクロとマクロそれぞれの視点から「いける」という感覚をつくり出す論拠を得ています。この状態こそがロジックだけでは前に進まない新規事業を前に進めるためにめざすべき状態です。
　つまり**事業構想を前に進めるために起案者がめざすべきゴールとは、ミクロとマクロの双方の視座から6つの問いと向き合い、結果として「確信」と「確証」を伴う整合性をもつビジネスモデルを描き切ること**です（図1-9）。

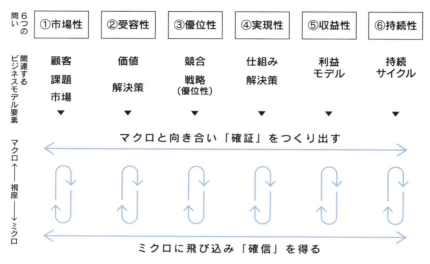

図 1-9　事業構想とは何か

1-4
確信と確証をつくり出すための基本動作

　では、起案者、チームはどのようにすれば、確信と確証を伴うビジネスモデルを描けるのでしょうか。新規事業開発という業務には次の2つの特性があります。
- 専門性の異なる多様な人材チームによる発散と統合のプロセス
- 仮説検証の往復運動

1-4-1　専門性の異なるチームによる発散と統合のプロセス

　新規事業開発で向き合うべき要素と論点は多岐にわたります。顧客を高い解像度でとらえ、顧客の感情や心の機微をつかみ課題を特定したり、顧客にとって最適な体験をデザインする場面もあるでしょう。あるいは、事業としての収支が成立するのかどうかという数値と向き合ったり、競争環境の分析を行う場面もあります。また、仕組みの開発・構築ではテクノロジーと向き合う場面もあるでしょう。

　だからこそ、さまざまな専門性や思考をもった人材による知の結集が欠かせません。理想とするチーム像は、ビジネス、テクノロジー、カスタマーエクスペリエンスそれぞれの専門性をもつ人材から構成されるBTCチームです（図1-10）。

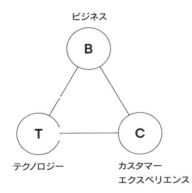

ビジネス（B）
ビジネスゴールに責任をもち、主に競争戦略と収益モデルを考え、社内調整をしながら事業を推進する

テクノロジー（T）
サービス提供価値を実現する技術に責任をもち、設計開発を行い、安定的なサービス運用を実現する

カスタマーエクスペリエンス（C）
顧客体験に責任をもち、サービス全体の体験設計を行い、顧客の目に触れ操作するタッチポイントをデザインする

図1-10　B‑Cチーム

　専門性の異なる3つの人材がそれぞれの知見を活かしながら、全体として整合性の取れたビジネスモデルを描くのです。ただし、知見や専門性、バックボーンの異なる人材が集まると多様な視点から意見やアイデアがたくさん出る一方で、収拾がつかない、いわゆるカオス（混沌）状態に陥るのは容易に想像できます。

1-4-2　ダブル・ダイヤモンド

　しかし、新しいアイデアを生み出し、それを形にしていくためには、カオス状態を受け入れ、コントロールしなければなりません。

　異なる専門性をもった人材がアイデアをぶつけ合い、一時的には混沌状態に陥りつつも、それぞれの考えのよい部分を組み合わせ統合しながら、新しい価値を生み出していく共創活動を可視化したプロセスが「ダブル・ダイヤモンド」です（図1-11）。

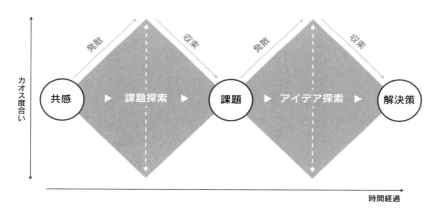

図1-11　ダブル・ダイヤモンド

　ダブル・ダイヤモンドは、左側の「課題（プロブレム）」を定義するステップと、右側の「解決策（ソリューション）」を生み出すステップで構成されています。

　どちらのステップにも「発散」があり、いきなり課題の特定や解決策を創出しようとしないことが特徴です。解くべき課題や解決策のそれぞれで、各々の視点から発散をしたうえで議論を通じて収束させていきます。

　ダブル・ダイヤモンドは課題と解決策を対象としていますが、ビジネスモデルを構成する要素それぞれに対しても活用すべきプロセスです。

　「顧客は誰か？　我々の優位性はどこにあるのか？　どのようにして実現するのか？」というビジネスモデルを描くうえでのさまざまな論点に対して、知

見、経験の異なるメンバーの考えを発散させ、議論を通して収束させる中で、より強固でメンバーの意思が乗ったビジネスモデルへと昇華されていきます。

ただし大企業の新規事業では、事業化後はチーム立上げが行われるがそれまでは1人で進めている場合や、チーム内にBTC人材そろっていないこともあるでしょう。

テクノロジー観点が弱ければ社内のつながりを通じて、開発部署の同僚の意見を定期的に聞いてみることや、ビジネス観点が弱ければ経営企画所属の同僚とランチに行き、考えを聞いてみるといった行動を通じて擬似的なBTCチームを組成してみることも有効です。

1-4-3 仮説検証の往復運動

不確実性の塊である新規事業では、最初に描くビジネスモデルは当然、仮説だらけのものとなります。そこから各要素の確からしさを一歩一歩検証しながら積み上げていくこととなるわけですが、ビジネスモデルは各要素間につながりがあります。

課題が変われば提供すべき価値も変わり、解決策も変わります。向き合う課題や価値が変わると向き合うべき競合も変わり、戦い方も変わります。

そのため、検証を通じて課題を定義したが、解決策検証の結果を受けて再度課題探索、解決策検証に立ち戻るというようなことも起こりえます。

一方通行の仮説検証ではなく、行ったり来たりすることを許容する仮説検証を通じて、解像度を高めたミクロとマクロの双方における確からしさを積み上げていきます。

こうした**ミクロとマクロの2つの視座で行われる仮説形成と仮説検証の往復運動**が事業構想のあるべきプロセスとなります（図1-12）。

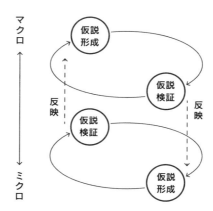

図1-12　事業構想の望ましいプロセス

　チームメンバーとの議論を通して組み上げられたビジネスモデルの仮説に対して、顧客／競合調査・分析を行うことにより、仮説の確からしい部分と改善すべきポイントを明らかにする。そしてまた、仮説形成に戻り、分析結果に対してのチームメンバーとの議論を通して仮説を修正するとともに解像度を高める。そしてまた仮説検証に戻るというサイクルです。

　こうした仮説形成と検証サイクルは、定量調査を通じて受容度を把握したり、市場規模をオープンデータやヒアリングを用いて可視化するというマクロの観点の活動に加えて、事業が提供する体験の解像度を高め、ユーザーへのインタビューやテスト提供を通じて確信をつくるミクロの観点での活動の2つの階層があります。

　仮説検証を繰り返しながら抽象的な構想から徐々に解像度を高め、ミクロの視座へふみ込んでいく動きもあれば、解像度を高めた検証活動を通じて得た気づきを抽象的な構想に反映し、ビジネスモデルの軌道修正を図るというような動きもあるでしょう。

　仮説形成と仮説検証をミクロとマクロのレイヤーで繰り返しながら、ビジネスモデルの確からしさを高めていくのです（図1-13）。

図1-13 事業構想とは何をしていることなのか

1-4-4　ゴールにたどり着くための唯一のアプローチ

　新規事業開発業務の2つの特性をふまえると事業構想の活動とは、次のように表現できます。
　専門性の異なるさまざまなメンバーによるミクロとマクロ2つの階層における仮説形成と仮説検証の往復運動を通じて、不確実性を削ぎ落とすと同時に、ミクロとマクロの双方の観点における確からしさを積み上げていく営み。
　この活動がゴールにたどり着くための唯一のアプローチなのです。

1-5
事業構想における2つの落とし穴

　実際の事業開発の現場で、このあるべき姿を体現することは容易ではありません。事業構想の段階でプロジェクトが停滞・低迷するパターンが2つあります。「仮説形成迷子」と「仮説検証迷子」です（図1-14）。

チームとしての共通認識をもった仮説、
ビジネスモデルが描けない。
各々の認識がばらばら

向き合うべき問い、仮説を見失い
次に何をすればいいのかわからず、
動けない

図 1-14　仮説形成迷子と仮説検証迷子

1-5-1　仮説形成迷子とは何か

　仮説形成迷子とは、**チームとしての認識をそろえられず、共通認識をもった 1 つのビジネスモデル仮説を描けない状態**を指します。顧客や競合事業者、あるいは自らの事業が提供する価値などビジネスモデルを構成する各要素の仮説がメンバーによってばらばらな状態や、仮説検証結果に対しての解釈、とらえ方がメンバー内で異なっているケースもあるでしょう。

　仮説検証から仮説形成に流れていくときの落とし穴ともいえます。ビジネスモデルの仮説が一枚岩として表現できず迷子になっている状態です。

1-5-2　仮説検証迷子とは何か

　仮説検証迷子とは**チームとして次に何をすべきなのか、ビジネスモデルを構成するさまざまな要素の中の、どこに焦点をあてて仮説検証を行うべきかがわからなくなっている状態**を指します。

　新事業開発において仮説検証すべき要素は多岐にわたります。「顧客は実在するのか？　課題は逼迫性の高いものなのか？　提供する体験は受け入れられるのか？　実現できるのか？」

　これらはいずれもビジネスモデルを構成する要素であり、いずれも検証が必

要となります。検証すべき要素が多岐にわたる中で、次は何を検証すべきなのかがわからなくなり、「いまチームが優先すべき活動は何か？」といったことを見失う状態がよく見受けられます。仮説形成から仮説検証にシフトする際に陥りがちな状態です。

1-5-3 複雑性と不規則性

　事業構想で向き合うべきビジネスモデルには要素間のつながりがあり、どこかが変わるとほかの要素も連動して変わるという複雑性を孕んでいます。

　また、確信と確証をつくり出すために必要な「発散と統合」と「仮説形成と仮説検証の往復運動」は、プロセスとして不規則な側面があります。

　ビジネスモデル自体がもつ複雑性とプロセスが抱える不規則性という掛け算によって事業構想はとくに迷子になりやすい。だからこそ事業構想というステップは難しく、新規事業開発という営みの中における大きなボトルネックとなっているのです。

1-6
事業構想を「書く」というアプローチ

1-6-1 文章で可視化する

　新事業開発を停滞させてしまう事業構想における2つの迷子を解消し、確信と確証を伴うビジネスモデルを描き切るには何が必要なのでしょうか。これが、本書のタイトルでもある事業構想を「書く」というアプローチです（図1-15）。

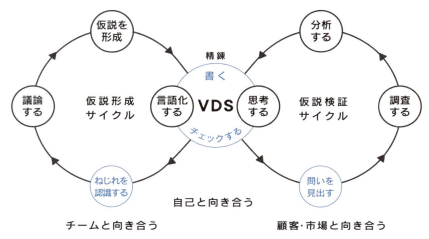

図 1-15 「書く」を起点とした事業構想サイクル

　事業構想を「書く」とは、自らの思考やチームの思考、検証による気づきやファクトを整理・編集・言語化し、日本語の文章としてビジネスモデルを可視化することです。

　あたり前のことに聞こえるかもしれませんが、スピード感のある事業構想では、構想の言語化・可視化はおろそかになりがちです。しかし、不確実性に溢れ、プロセスとしての不規則性を孕む事業構想だからこそ、事業構想を「書く」行為を活動の中核に据えることはとても重要です。

　仮説形成と仮説検証の往復運動の境目で、現在地を正しく可視化し、問題点を「チェックする（診断）」ことで、仮説形成迷子と仮説検証迷子を防ぐことができます。これこそが、事業構想におけるあるべきプロセスです。

1-6-2 「書く」ことのメリット

仮説検証と仮説形成の起点

　文章として言語化することは、仮説形成迷子と仮説検証迷子を防ぐためのチェックとして機能します。

　仮説検証迷子に対して事業構想を「書く」という行為は、現時点におけるビ

ジネスモデルにおける仮説や論拠の強弱を、主観的にも客観的にも浮かび上がらせます。

論拠の強弱、全体構造の現状が可視化されると、チームとしていま、向き合うべき問いを見出せ、適切な仮説検証ができるでしょう。

一方、仮説形成迷子に対して事業構想を「書く」行為は、チームメンバー内での認識のねじれが起きている箇所とそのねじれ方の可視化となります。

どの要素でチームメンバー内での認識がずれているのか、どのようにずれているのかが可視化されると、共通認識をそろえていくうえでの起点をつくれます。

思考を製錬する

仮説検証とは顧客や市場と向き合うことであり、仮説形成はチームとしての共通認識をつくり出していくことです。

事業構想を「書く」とは、チームでの議論や市場との対話を自己の中で噛み砕き、言語化できるレベルまで思考を整理、削ぎ落とすことが必要となるため、自らと向き合い思考を精錬していく行為ともいえるでしょう。

つまり、「書く」ことで仮説検証が正しく動き出し、「書く」ことで認識のずれをそろえる動きが始まり仮説の形成が実現するのです。これが「書く」を起点とした事業構想サイクルです。では実際にどのように事業構想を書いていけばよいのでしょうか。

次章では、事業構想を「書く」ためのフレームワークである「バリューデザイン・シンタックス」の全体像について解説します。

第1部 事業構想を「書く」アプローチの全体像

第2章
事業構想フレームワーク「バリューデザイン・シンタックス」

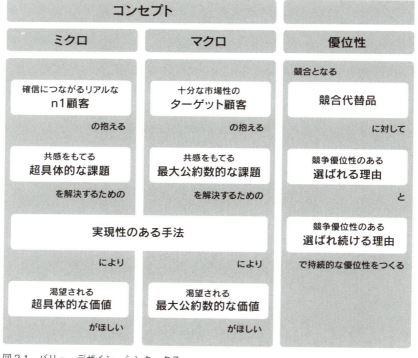

図2-1 バリューデザイン・シンタックス

第2章 事業構想フレームワーク「バリューデザイン・シンタックス」

2-1
バリューデザイン・シンタックスとは何か

2-1-1 文章で可視化するフレームワーク

バリューデザイン・シンタックス(VDS)はビジネスモデルを「コンセプト」「戦略」「利益モデル」の3つに分けて文章形式で可視化するフレームワークです（図2-1）。

ビジネスモデルを可視化するフレームワークは世の中にすでに多く存在しますが、書いてみたものの次のアクションにつなげられず、書いて終わりになっ

戦略		利益モデル
仕組み	持続戦略	
そのために	事業継続により	事業活動の中における
構築の肝である 活動／機能／仕組み	蓄積されるもの	回収エンジン
が鍵を握るが	が蓄積し	を源泉に
自社リソース	成長／強化するもの	料金モデル
と	が深まる、強まるため、 事業の継続性を見込む	により収入をつくる
パートナーリソース		コスト／コスト構造
により実現可能である		という特性をもつ中で
チャネル／提供手段		採算成立
を通じて、伝え、届ける		の算段がついている

043

第1部　事業構想を「書く」アプローチの全体像

てしまうものも実は多くあったりします。

　VDSはビジネスモデルを可視化するだけでなく「チェックする」ことで、仮説形成と仮説検証の2つのサイクルを動かすきっかけを与える役割をもち、事業構想を加速させることができます（図1-15参照）。

2-1-2　フレームワークの特徴

　VDSの最大の特徴は、ビジネスモデルを1つの長文で言語化することです。ビジネスモデルを構成する「コンセプト」「戦略」「利益モデル」の3つをさら

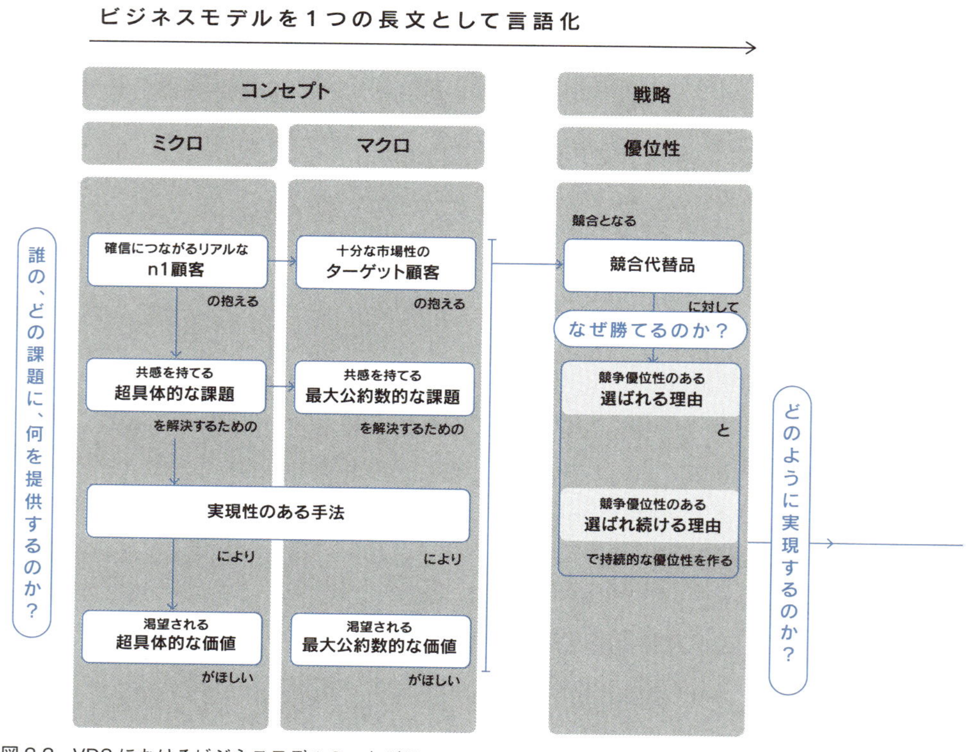

ビジネスモデルを1つの長文として言語化

コンセプト		戦略
ミクロ	マクロ	優位性

誰の、どの課題に、何を提供するのか？

確信につながるリアルな **n1顧客**	十分な市場性の **ターゲット顧客**
の抱える	の抱える
共感を持てる **超具体的な課題**	共感を持てる **最大公約数的な課題**
を解決するための	を解決するための

実現性のある手法

により	により
渇望される **超具体的な価値**	渇望される **最大公約数的な価値**
がほしい	がほしい

競合となる
競合代替品

に対して

なぜ勝てるのか？

競争優位性のある
選ばれる理由

と

競争優位性のある
選ばれ続ける理由

で持続的な優位性を作る

どのように実現するのか？

図2-2　VDSにおけるビジネスモデルのつながり

に細かくして計20個の要素に分解し、それらの各要素を6つの短文と1つの長文を通じて言語化します。

　事業構想では、20個の要素、確信と確証、ミクロとマクロ、抽象と具体といった視点と視野、視座を切り替えつつも、全体を整合させる意識がとても重要です。しかしスピード感を伴う事業構想の中でこれらを意識し続けることは難しいものです。

　VDSはこのような**思考の切り替えを「書く」という行為を通じて無意識に行えるとともに、思考の濃淡、論拠の強弱を明確に浮かび上がらせてくれる**フレームワークなのです（図2-2）。

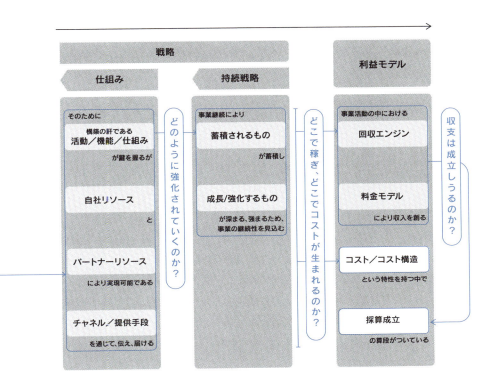

第1部　事業構想を「書く」アプローチの全体像

2-1-3　ビジネスモデルの構造を 1 つのストーリーとしてつむぐ

図1-3で見たように、ビジネスモデルを構成する各要素にはつながりがあります。

「どの顧客の、どのような課題に対して、どのような手段を通じてどのような解決策を提供するのか？」

「課題や解決策に対して競合が存在する中で、勝てる理由、優位性はどこにあるのか？」

「その優位性は事業の仕組みに落とし込まれ、体現できる状態を描けているのか？」

「さらに事業活動を通じて蓄積される何かを活かし、事業が持続的に強化されるサイクルにつながっていくのか？」

「そして、最終的に事業活動を通じて得られる収入と事業活動を実現するために必要なコストは均衡しうるのか？」

これらのつながりをつくり出すための問いと向き合いながら、ビジネスモデルを 1 つの整合性をもつストーリーとしてつむぐのです。

2-2
6つの問いとVDSの対応

事業構想を前に進めるためには、ビジネスモデルを 1 つのストーリーとして描き切るとともに、「市場性」「受容性」「優位性」「収益性」「実現性」「持続性」という 6 つの問いに確信と確証を伴って答える必要があります。

VDSでは縦に連なる 6 つの短文を通じて各問いと向き合っていく構造となっています（図2-3）。

046

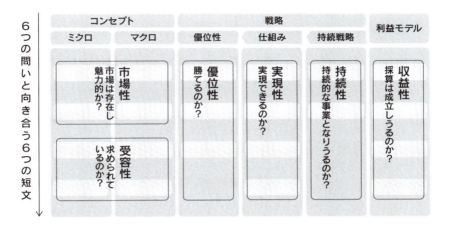

図2-3 VDSにおける6つの問い

市場性：コンセプトの上部領域
受容性：コンセプトの下部領域
優位性：戦略における優位性の領域
実現性：戦略における仕組みの領域
持続性：戦略における持続戦略の領域
収益性：利益モデルの領域

2-3
VDSを書いた際の3つのパターン

　VDSの記入方法や実際の事業開発の現場における具体的な活用方法は第5部であらためて解説を行いますが、活用方法はとてもシンプルです。
　とりあえず自らが想い描くビジネスモデルを書いてみるに尽きます。実際に書いてみると図2-4のような3つのパターンに分かれます。

図2-4　VDSを書いたときに生じる3つのパターン

2-3-1　「書けない」パターン

　VDSはビジネスモデルの構成要素を20個の要素に分解し、各要素を言語化していくフレームワークですが、実際に書こうとすると「書けない」というパターンがあります。

　「競合を埋めようとしたが自社にとっての競合はあらためて考えるとどこを記載すべきだろうか……、優位性はどこにあるのだろうか……」といった状態です。

　書けなかった要素は、そもそもビジネスモデルの構成要素として検討が抜けていたり、検討されてはいるものの思考が分散している状態です。

　この場合は、まずはその要素における仮説をとりあえず書いてみることから始めます。

2-3-2　「書けるが人によってばらばら」のパターン

　「書けるが人によってばらばら」のパターンもあります。VDSには「顧客ターゲット」という要素がありますが、メンバーで記載をしてみるとチーム内で言語化されたターゲット像が大きく異なっているような場合がよくあります。

ほかにも競合や優位性、収益モデルなど20個の要素すべてで、チーム内での認識のずれが起こりえます。

この場合は、チーム内で認識のずれが起きている要素を特定し、認識のねじれ方を把握したうえで、議論を通して、共通認識をつくり上げていくことが必要となるでしょう。

2-3-3 「書けるが自信がない」パターン

「書けるが自信がない」パターンもあります。「向き合っている課題を言語化したものの、本当にこの課題は解決が渇望されるような課題なのか……」「提供価値や解決策の記入はできるが、顧客に求められているのだろうか……」といったように言語化・記入はできるものの、自信や論拠が伴っていない状態です。

この場合は記入内容の検証が不十分であるため、仮説検証に進む必要があります。

2-3-4 「書く」ことで「チェックする」

このように、VDSを書いてみると事業構想の現在地と弱点が如実に浮かび上がります。これこそが仮説形成と仮説検証の往復運動の間で「チェックする」ことになるのです。メンバー間での認識のずれが如実に浮かび上がるため、共通認識をつくる議論の起点となります。

加えて、ビジネスモデルのどの要素が曖昧なのか、論拠が薄いのかが可視化されると、それは検証すべき問いとなり、仮説検証活動における起点となります。仮説検証と仮説形成のそれぞれの起点をつくり出すことができる、まさに事業構想を加速させるフレームワークなのです。

第1部 まとめ

　ロジックだけでは進まない事業構想で、起案者がめざすべきゴールとは、ミクロとマクロの双方の視座から6つの問いと向き合い、「確信」と「確証」を伴う整合性をもつビジネスモデルを描き切ることです。

　専門性の異なるさまざまなメンバーによる仮説形成と仮説検証の往復運動の中では、認識のずれや向き合うべき問いを見失うことが盛んに起こります。

　だからこそ認識のずれと、構想の弱点を浮かび上がらせるために事業構想を「書く」というアプローチ、そしてフレームワークであるVDSが有効なのです。

　第2部から第4部では、VDSを構成するコンセプト、戦略、利益モデルの考え方や実務上のポイントについて解説していきます。

第2部
コンセプトを書く

　「顧客」「課題」「手法」「価値」の4つの要素で構成されるコンセプトは、事業構想、ビジネスモデルを描く際の幹となるものです。

　コンセプトを書く際のゴールは、1人の顧客を熱狂させ渇望してもらえるミクロの視座による確信と、一定サイズの顧客に求められ、広がりが見込めるマクロの視座による確証を両立させることにあります。

　第2部では、コンセプトを書くうえでおさえるべきミクロとマクロのつながりと、「顧客」「課題」「手法」「価値」それぞれの考え方、ポイントについて解説します。

第3章
コンセプトをつくる

3-1
コンセプトとは何か

3-1-1　コンセプトを一文で示す

　VDSにおいて最初に向き合うのはコンセプトです。広辞苑では、「企画や広告などで全体を貫く統一的な視点や考え方」と定義されている言葉ですが、この定義は事業構想、ビジネスモデルを描くうえでのコンセプトにもあてはまります。

　事業構想におけるコンセプトとは、**誰（顧客）の、どの課題を、どのようにして（手法）、どのような状態にするのか（価値）** という一文で明示されるものです。「顧客」「課題」「手法」「価値」の4要素により構成される、**ビジネスモデル全体を貫く幹**です（図3-1）。

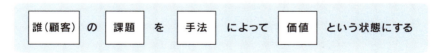

図3-1　コンセプトとは何か

3-1-2 コンセプト次第でビジネスモデルは様変わりする

　ビジネスモデルを構成するさまざまな要素にはつながりがあります。

　向き合う顧客が変われば課題に対しての逼迫度や重要性が変わります。課題が変われば支払い許容額の上限や競合が変わります。提供する手法次第でコスト構造が変わります。そして、提供する価値が変われば顧客の受容性も変わるでしょう。

　コンセプトの4要素をどうとらえ、言語化するか次第で、組み上がるビジネスモデルは変わっていくのです。まさに、コンセプトはビジネスモデルを描くうえでの幹であり、ビジネスモデル全体を貫く統一的な視点、考え方となるものです。

3-2
コンセプトづくりで頓挫してしまう2つのケース

3-2-1 ビジネスモデルの前段階で社内承認を得られない

　企業内の新規事業開発では、具体的なビジネスモデルを描く前段階として、コンセプト自体に対するさまざまな検証をふまえて、このまま前に進めるべきか、あるいはいったん進行をとどめるかを判断するステップが設定されているケースも多く見られます。

　事業構想の入口でもあるコンセプトづくりにおいて、社内の承認を得られずに頓挫してしまうケースが2つあります。「ミクロ熱中型」と「マクロ依存型」です（図3-2）。

図3-2　コンセプト設計における2つのバッドケース

3-2-2　ミクロ熱中型

　ミクロ熱中型とは、**サイズや量の観点なく、自らのコンセプトを渇望する顧客が実在する、すでに見えているという観点のみを拠り所に事業構想を前に進めてしまうケース**です。

　日常の営業活動の中で向き合っている顧客から逼迫感の高い課題の声を聞いたり、現場に直面し、ソリューションアイデアを描き、その顧客に見せると「ぜひともほしい」という声を得ている。起案者側としても、目の前に困っている顧客がいて、解決策を求める声もすでに得ている状態は、コンセプトへの自信を深め、いけるという確信を強くもつには十分なものです。

　一方で、意思決定者側の目線に立つと、「すでに顧客がいるのはわかった。ただ事業として大きくなりうるのか？」という懸念は当然生まれます。目の前に顧客がいるという事実は、自らのコンセプトはいけるという自信をつくり出すうえでとても強い引力をもっています。

　しかし、引力が強いがゆえに、コンセプトがもつ事業サイズ、ポテンシャル

第3章　コンセプトをつくる

の観点が抜けてしまっている状態になりがちです。

3-2-3　マクロ依存型

マクロ依存型とは**定量、サイズ、ポテンシャルというマクロの視座のみを拠り所に事業構想を前に進めてしまうケース**です。コンセプトが「いける」という自信をもつうえで、顧客の実在とともにもう1つ自信をもたせる強い引力をもつものが定量データです。

コンセプト段階において、どの程度の人に求められているのか、どの程度の人が課題に直面しているのかを把握するために定量調査を実施する場合は多くあります。

定量調査を実施すると「ソリューションを使ってみたいという方がターゲットとする顧客のうちおよそ40%存在し、人数ベースに換算すると約60万人がほしいといってくれています」といったようなことがデータとして可視化、把握できます。

使ってみたいと感じてくれる方が約60万人いるという調査結果は、起案者に自らのコンセプトを求める方が一定数量いるという安心感を与えるとともに「いける」という自信を与えます。

しかし、魅力的な調査結果だけを拠り所に、意思決定者側へコンセプトの可能性を伝える場に臨むと、「定量調査の結果がいいのはわかった。参考にはなるが本当に顧客は実在するのか？　本当に買われるのか？」という疑惑、懸念が生まれます。

ミクロ熱中型とまさに逆のパターンですが、定量調査によって得られたポジティブな結果のみを拠り所とし、課題の解像度や顧客が実在することへのふみ込みが甘いのです。

055

第2部　コンセプトを書く

3-3
コンセプトにも求められる確信と確証

3-3-1　ミクロとマクロの両視座が欠かせない

　2つのバッドケースの通り、実在の顧客や、課題の解像度というミクロの側面と、サイズや広がりという観点と向き合うマクロの観点、どちらかだけではコンセプトの魅力は伝わらず、新規事業は前に進まないのです。

　第1章では、ミクロの視座でリアリティを追求した結果得られる「確信」と、ビジネスをマクロの視座からとらえた結果得られる「確証」の2つが必要である、とお伝えしましたが、この考えはコンセプトを描くうえでも共通です。

　つまりは、1人の顧客を熱狂させ、渇望される、ミクロの視座から生まれる確信と、一定のサイズの顧客に求められうる、サイズや広がりが十分見込める、というマクロの視座から生まれる確証の2つの側面がコンセプトには必要なのです。

　一見相反する関係性に見えますが、この両者を行き来しつつ、確信と確証を伴うコンセプトを描き切ることが、コンセプトを書くエリアにおけるゴールです。

　この考えに基づいてVDSでは、「顧客」「課題」「手法」「価値」という4つの要素で構成されるコンセプトをミクロとマクロの2つの視座から言語化します（図3-3）。

056

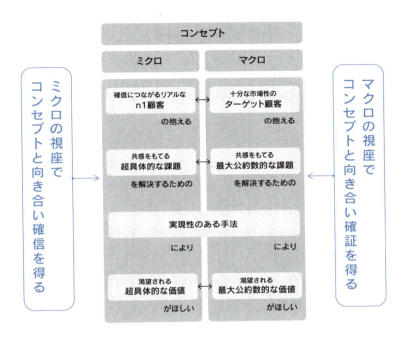

図3-3 コンセプトに必要な二面性とVDSの関係

第4章 顧客を決める

4-1 顧客の3階層

4-1-1 顧客に誰を据えるのか

　コンセプトを構成する1つ目の要素は「顧客」です。「顧客に誰を据えるのか」はビジネスモデルを描いていくうえでとても大きなインパクトをもちます。

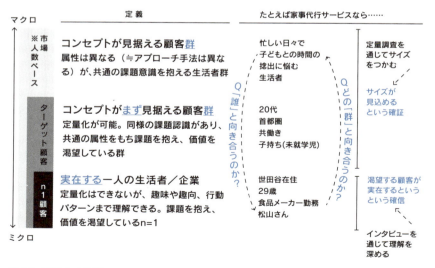

図4-1　顧客の3階層

向き合っている課題は同じだとしても、たとえば BtoB 事業で大企業と中小企業のどちらを顧客と据えるのか次第で、あるべき解決策や、想定される競合、自社の取るべき戦略も変わってくるでしょう。

顧客に誰を据えるのか次第で組み上げるべきビジネスモデルは変わるのです。顧客と向き合ううえでは、図4-1 で示す顧客の階層構造を正しく認識することがとても重要です。

ミクロとマクロの視点で見ると、**顧客には「市場（人数ベース）」「ターゲット顧客」「n1 顧客」という 3 つの階層**があります。これらはいずれも顧客という言葉で表現されるものですが、とらえるべき顧客の粒度がそれぞれ異なります。

4-1-2 市場（人数ベース）

1つ目の顧客の階層で、もっともマクロな位置にあるのが「市場（人数ベース）」です。事業で向き合う課題に共感、実感している顧客の群を指します。

市場は顧客をもっとも広いくくりとしてとらえているため、課題に対しての逼迫性の強弱や、求めるものの違い、リーチするための難易度や適切な手法が異なるさまざまな属性の顧客群が内包されています。自らの事業が向き合う顧客の最大数、最大値とも表現できるでしょう。

たとえば「社員のメンタル状況の把握が不十分であるため離職率が下がらないという課題を感じている企業」「家をきれいにしたいが、掃除を行う時間や余力がないという課題を感じている生活者」といったような粒度で、同じ課題に対して共感、実感しつつも、その中には大企業や中小企業、都心在住や郊外在住の生活者といったように属性の異なるさまざまな顧客群が内包されている状態です。

4-1-3 ターゲット顧客

2つ目の顧客の階層である「ターゲット顧客」とは、属性の異なるさまざまな顧客群が内包される市場の中で検討している事業がまず向き合う顧客群です。

「従業員 50 〜 100 名でリモートワークが浸透している IT 系企業」「課題に悩んでいる生活者」ではなく「都市部に住み、小さな子どもがいる共働き世帯」といった粒度で、顧客を自らの事業にとっての優先順位をふまえた群としてとらえ、定義すべき階層のことです。

向き合う課題によって、もっとも大きな顧客群として市場を規定し、市場内の属性の異なるさまざまな顧客群の中から意思とロジックをもって選択すべきものがターゲット顧客となります。

4-1-4　n1顧客

3つ目の顧客の階層である「n1 顧客」とは、まず向き合う実在する顧客であり、高い解像度で語れる顧客です。

「市場」と「ターゲット顧客」は自らの事業が向き合う顧客を群としてとらえていますが、n1 顧客は群ではなく、個としてとらえます。インタビューで出会った「東京在住の○○さん」、今回の事業を思いつくきっかけとなった商談先の「中堅物流会社の A 社」といったようなイメージです。

顧客を超具体的に解像度を高くとらえるという点では、ペルソナとやや近い位置づけですが、ペルソナとの決定的な違いは実在するか否かです。徹底的に解像度を高めた結果得られる「いける」という確信を得るためには、空想や妄想の顧客ではなく、インタビューや各種検証活動を通じて、実在する顧客を捕捉し、言語化できていることが重要です。

4-1-5　顧客を言語化する

顧客を3つの階層でとらえることは、事業構想には欠かせません。市場とターゲット顧客は顧客を群としてとらえているため、定量化できます。

顧客群としてサイズが小さすぎないか、将来性があるのかといったマクロな観点で確証と向き合ううえで必要な顧客のとらえ方です。

一方、n1 顧客は、顧客を個としてとらえているため定量化はできませんが、ミクロの視座で顧客を探索し、定義・言語化することは、確信を得ていくうえ

では欠かすことはできません。

事業構想における顧客を定義するとは、「**市場**」「**ターゲット顧客**」「**n1 顧客**」の各階層で向き合う顧客が言語化されていて、かつ 3 つの階層間で整合性が取れている状態なのです。

どの階層から顧客と向き合うかは、起案者の特性によりさまざまです。市場というもっとも大きな群から、「我々は誰と向き合うのか？」という問いと向き合い、**群から個へと階層を下りるアプローチ**もあります。あるいは、営業活動などを通じて出会った n1 顧客を起点に、「どの群と向き合うべきか」という問いをもち、**個から群へと階層を上がるアプローチ**もあるでしょう。

マクロとミクロの入口はどちらからでもありえますが、3 つの階層すべてで自らの顧客を言語化できている状態をめざしましょう。

4-2
まず向き合うべき顧客は誰か

4-2-1　ターゲット顧客を選定する9つの観点

顧客は、インタビューや定量調査を通じて見極め、定義していくことになりますが、「まず誰と向き合うのか」は重要であるとともに、悩ましいテーマの 1 つです。

顧客を「市場（人数ベース）」でとらえると、属性の異なるさまざまな顧客群が内在されています。顧客群次第で課題の逼迫感や提示する解決策への受容性も変わり、群としてのサイズも変わるでしょう。

「もっとも困っているから」や「提供する解決策をもっとも渇望しているから」という理由はターゲット顧客を選定するうえでは外せない観点ですが、それだけでターゲット顧客を決めるべきではありません。

ターゲット顧客の定義で、考慮したい観点は図4-2 の通り9つあります。

第2部　コンセプトを書く

そのターゲット顧客は、まず向き合うべき顧客か？

1　量的魅力	人数（社数）で多い／大きいのか？ 今後伸びゆくのか？	
2　課題逼迫性	課題に対して逼迫感や緊急性を感じているのか？	
3　解決策渇望度	我々が提供する手法や価値を求めてくれるのか？ 渇望してくれているのか？	
4　優位性構築難易度	相対する競合に対して 優位性をつくり出すことは可能か？	
5　要求実現難易度	求める要求／期待水準を実現できうるのか？	
6　支払い許容額	許容される金額は高いのか？　低いのか？	
7　到達可能性	リーチ、接触することはできるのか？	
8　意思決定リードタイム	導入や成約までに必要な時間はどの程度か？	
9　市場浸透インパクト	その後の市場内浸透に好影響を与えるか？	

図 4-2　ターゲット顧客選定の9つの観点

4-2-2　避けては通れない最初の3つの観点：
量的魅力、課題逼迫性、解決策渇望度

「人数、社数は十分な量存在するのか？　成長が見込めるのか？」と向き合うのが量的魅力です。「課題に対して緊急性や逼迫感を抱き、解決意欲を強く抱えているのか？」と向き合うのが課題逼迫性です。そして「提案する解決策をどの程度求めてくれているのか？　渇望されているのか？」と向き合うのが解決策渇望度です。まず向き合うべき顧客を選定するうえで、これらは避けては通れない観点です。

062

4-2-3　4つ目の観点：優位性構築難易度

　優位性構築難易度とは、ターゲット顧客に向き合った際に相対する競合、競争環境の中で自社は優位を構築できるかどうかという難易度を指します。

　同じ課題でも大企業と中小企業では解決策に対して求める仕様や導入を決めるうえでとくに重視する軸が異なることも多くあります。大企業向けと中小企業向けで自社が相対する競合他社が違うケースや、競争環境自体の過熱度が異なるケースもあるでしょう。

4-2-4　5つ目の観点：要求実現難易度

　要求実現難易度も同様です。たとえば、価値提供に人的オペレーションが必要となる事業を構想しているとすると、中小企業を顧客として想定する場合と、大企業を顧客として想定する場合では事業提供に必要な人的リソースの前提は大きく変わるでしょう。

　あるいは、スキマバイトやBPO／アウトソースサービスのような事業を構想している場合、急遽の欠員の補填先がないという課題を実感している企業は業界業種問わず存在していそうですが、医療や士業など専門的な知識を要する業界と、飲食店舗や小売店などの店舗業務が中心となる業界や企業では、解決策の実現難易度は大きく変わるでしょう。

4-2-5　6つ目の観点：支払い許容額

　支払い許容額（Willing to pay）とは解決策に対して、そのターゲット顧客が許容する支払い上限額です。課題逼迫性や、解決策渇望度の影響も受けますが、超富裕層をターゲット顧客とするのか、大衆層をターゲット顧客とするのか次第で許容されうる単価感は大きく変わるでしょう。

第2部　コンセプトを書く

4-2-6　7つ目の観点：到達可能性

　到達可能性とはそのターゲット顧客に対して、情報を届けたり、営業活動を展開したり、価値提供を行ったりするうえでのリーチ（到達）難易度を指します。超富裕層はそもそもの人数も少ないこともあり、情報を届ける難易度は大衆層に比べて高くなります。

　あるいは、サービスがリアルでの価値提供を前提とし、営業活動もリアル中心となる中で、自社の拠点やリソースが東京にある場合、地方部に居住しているターゲット顧客にリーチする難易度は都心在住層に比べて高いものとなるでしょう。

4-2-7　8つ目の観点：意思決定リードタイム

　意思決定リードタイムとは導入／成約までにかかる時間の長短です。たとえば、法人向けサービスの導入では、従業員10人の企業であれば社長と直接会うことができ、商談の場で即決してもらえることもあったりしますが、大企業を顧客と想定すると担当者との商談から始まり、社内の意思決定プロセスを通していく必要があるため、成約までには数か月の期間が必要となることも多くあります。

　BtoC事業も同様で、たとえば、ダイエット習慣を提供するようなサービスを構想している場合、ダイエット活動に対して意欲的で消費も積極的な層をターゲット顧客とするのか、意欲はあるもののダイエット活動自体にお金をかけて取り組んだことがない層のどちらをターゲット顧客として据えるか次第で、ユーザーとなってもらうまでに必要な期間やハードルは変わるでしょう。

4-2-8　9つ目の観点：市場浸透インパクト

　市場浸透インパクトとは、他顧客群への広がりに対しての影響度、波及効果です。ターゲット顧客選定において比較的抜けがちですが、とても重要な観点です。医療機器における新規事業を支援していた際のターゲット顧客選定を例

に説明をします。

とある病に対して、検査／診断行為の精度とオペレーション負荷の軽減につながる医療機器を新規事業として検討していました。もっともマクロな位置づけとしての顧客（市場）は、対象医療行為が発生し、精度向上や負荷軽減に対して課題感をもつ医療機関／病院となります。その中でまず向き合うべき顧客をどこに据えるべきでしょうか。

病院と一口にいっても、地域の総合医療センターとなるような大規模病院もあれば、各市区町村に点在している診療所のような小規模病院も存在します。市場の構造として病床数20以下の診療所が施設数や、対象医療行為の回数、競合となる医療機器の導入点数のいずれの観点でももっとも大きく、量的魅力の観点からとらえると診療所がターゲット顧客としては最優先でした。

一方で、診療所勤務の医者や業界識者へのヒアリングから、診療所における医療機器の導入、意思決定にあたっては、該当医療機器が大学病院や大規模病院で導入された実績や、権威がないと導入が進まないという特性が見えてきました。事業としての面をおさえるのであれば、まず向き合うべき顧客は「診療所」です。

ただし業界における浸透ステップ、浸透インパクトという観点では、量的魅力は生まれないものの大学病院・大規模病院が最優先という側面をふまえ、まず向き合うべき顧客として「大学病院・大規模病院」をターゲット顧客として設定をしました。

市場浸透インパクトとはこのように、その顧客を獲得することによって得られる市場への波及効果的な観点から、まず向き合うべき顧客は誰かを考える観点です。

4-2-9　ターゲット顧客は立体的に見定める

ターゲット顧客の選定にはさまざまな観点がありますが、一方でこれらすべての観点を満たせる顧客群を見出すことは現実的には難しいものです。何を重視すべきかを決める必要があります。

たとえば、サイズ／量と、支払リードタイムの短さのどちらを重視するかで

向き合う顧客は変わるでしょう。まず何を重視すべきかは、事業をどのように育てようとしているのか次第で変わります。

ターゲット顧客の検討は、事業の育て方という時間軸をもった線の思考と、そのうえで「まず何を重視すべきか？ どの顧客とまず向き合うべきか？」という点の思考をふまえて行うべきです。このような立体的な観点から向き合うべきテーマなのです（図4-3）。

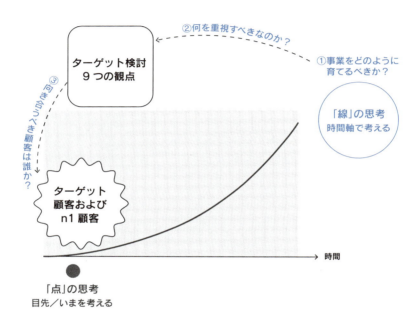

図4-3 立体的にターゲット顧客を見定める

4-3
ターゲット顧客を選定する5つのステップ

ターゲット顧客の選定には5つのステップがあります（図4-4）。

図4-4　ターゲット選定の5つのステップ

4-3-1　ステップ1：顧客群の発散

ステップ1は、顧客の可能性を広げる「顧客群の発散」です。BtoB事業であれば業界や業種、企業規模といった軸を設け、BtoC事業であれば年代や価値観、居住地域などの軸を設けて、コンセプトに対して顧客となりうる群を広げます。

前述の医療機器の事例では病院の規模を中心に検討しました。どの軸をもって顧客群を洗い出すべきかは事業ごとに変わります。課題の逼迫性や受容度に大きく影響を与えうる軸を起点に洗い出せるとよいでしょう。

4-3-2　ステップ2：特性情報の付与

ステップ2では各ターゲット候補（顧客群）に対して、9つの評価観点ごとにオープンデータやインタビュー、必要があれば定量調査等を実施しながら、さまざまな顧客群を相対評価できるように情報を取りまとめる「特性情報の付与」です。図4-5のような顧客セグメントリストを整理します。

属性			1	2	3	4	5	6	7	8	9	10
業種	規模	エリア	量的魅力	課題逼迫性	解決策渇望度	優位性構築難易度	要求実現難易度	支払い許容額	到達可能性	意思決定リードタイム	市場浸透インパクト	優先度評価
日用品メーカー	大規模(1,000名以上)	都市部	×万社 ◎	高	中	難	高	高	難	長	大	
		地方部	×万社 △	中	低	難	高	高	難	長	大	◎
	中規模(300名以上)	都市部	×万社 ◎	低	中	難	高	高	難	短	中	
		地方部	×万社 △	高	低	易	低	高	易	短	中	◎
	小規模(299名以下)	都市部	×万社 △	低	中	難	高	高	難	短	小	
		地方部	×万社 ◎	低	低	易	高	高	難	長	小	
食品メーカー	大規模(1,000名以上)	都市部	×万社 △	高	低	難	低	高	難	長	大	
		地方部	×万社 ◎	高	中	難	低	高	難	長	大	
	中規模(300名以上)	都市部	×万社 △	高	中	易	低	低	易	短	中	◎
		地方部	×万社 ◎	高	低	難	低	低	易	短	中	
	小規模(299名以下)	都市部	×万社 △	高	低	難	高	高	易	短	小	
		地方部	×万社 ◎	高	中	難	高	高	易	短	小	

図4-5　顧客セグメントリスト

　さまざまな顧客群を9つの観点からとらえると、渇望度は高く支払い許容額も高いが量的魅力が乏しい顧客群、量的魅力は見込めるが支払い許容額は低く渇望度もやや低い顧客群、市場への浸透インパクトは見込めるが量的魅力も単価許容も低い顧客群といったように、どの観点からとらえても魅力的な顧客群を見出すことは難しく、一長一短の結果となるものです。

　その中からまず向き合うべき顧客を見出すためには、何を優先すべきかを定義し、事業をどう育てていくべきかということと向き合う必要があるのです。

4-3-3　ステップ3：成長ストーリー検討

　ステップ3は事業をどう育てていくのか、と向き合う「成長ストーリー検討」です。新事業は出して終わりではなく、何年も何十年も愛され、世の中に求められ続ける事業をめざすべきです。

　その長い時間軸の中において、向き合う顧客が広がり、ビジネスモデルは進化／拡張し、事業サイズも拡大していくという成長・拡大に向けたストーリーがあるべきです。事業をどう育て、広げていくのかという成長ストーリーの構成要素であるKGIの変遷を可視化したKGIストーリーを描きます。

4-3-4　ステップ4と5：初期重要観点検討とターゲット定義

　ステップ4ではKGIストーリーに基づき、9つの観点間における優先順位を検討して定義したうえで、ステップ5として顧客セグメントリストを用いながら向き合うべき顧客を見定めるのです。

4-4 事業の育て方を描く成長ストーリー

4-4-1　成長ストーリーの構造

　先のステップ3で成長ストーリー（図4-6）に内包されるKGIストーリーを検討すると述べましたが、事業構想では重要なところなので以下詳細を述べます。

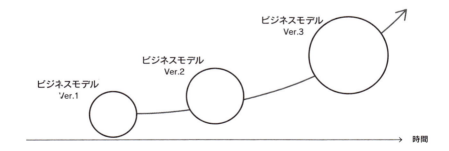

図4-6　成長ストーリー

まずめざすべきビジネスモデルはありつつも、そこからどのように発展し、広げていくのかという時間軸の中でのビジネスモデルの進化の変遷、これが成長ストーリーとなります。成長ストーリーの構造を図4-7に示します。

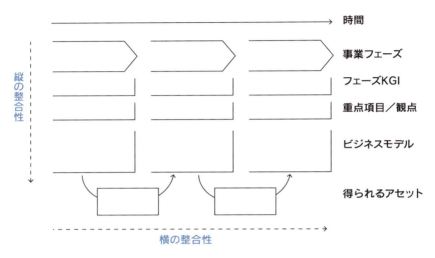

図4-7　成長ストーリーの構造

成長ストーリーの5つの要素

　成長ストーリーは「事業フェーズ」「フェーズKGI」「重点項目／観点」「ビジネスモデル」「得られるアセット」の5つの要素から構成されます。

　事業を育て、広げていく長い時間軸は、複数のフェーズからなります。ビジネスの基盤を構築するフェーズ、スケールを追求するフェーズ、利益回収と向き合うフェーズなどさまざまな事業フェーズがあります。

　各フェーズにおいて事業を通じて達成すべき要素がフェーズKGIです。そして、フェーズKGIの達成に向けてビジネスモデルを描くうえでおさえるべき要素・要件が重点項目／観点となります。

　ビジネスモデルは各フェーズにおけるKGIを達成するための手段として位置づけられます。そして、各フェーズにおける事業を通じて、得られるアセットが次にめざすビジネスモデルにつながっていくという構造です。

第 4 章　顧客を決める

成長ストーリーの構築

　各フェーズにおける目的（KGI）と整合したビジネスモデルという縦の整合性と、時間軸の中で得られるアセットが次のビジネスモデルにつながり進化していくという横の整合性の2つのつながりによって成長ストーリーは構築されます。事業をどう育てていくのか次第でまず向き合うべき顧客は変わるとお伝えした意味がここにあります。

　事業を育てていくうえでまず実現すべきことが、「顧客の規模を獲得すること」なのであれば、ターゲット顧客選定の最重要観点は量的魅力となりますし、「小さくとも早期に売上を立てること」がまず実現すべきことであれば、解決策の渇望度が最重要観点となるでしょう。

　成長ストーリーの構成要素の中における「フェーズKGI」および「重点項目／観点」次第で、ターゲット顧客選定における9つの観点の重要度が変わるのです。

4-5
成長ストーリーの鍵となるKGIストーリー

4-5-1　KGIストーリーの2つの与件

　ターゲット顧客選定では、成長ストーリー内におけるKGIの変遷（KGIストーリー）がとくに重要となりますが、KGIストーリーにはさまざまなバリエーションがあります。

　初期に売上規模を追求し、その後利益回収に入るストーリーもあれば、その逆のストーリーもあるでしょう。起案者の想いも乗せるべき自由度の高い領域ですが、拠り所となるものが2つあります。「企業内与件」と「固有特性与件」です（図4-8）。

071

図 4-8　KGI の変遷／ KGI ストーリーの拠り所

4-5-2　企業内与件とは何か

　企業内与件とは、「3年以内の単黒成立」「10年後に事業サイズ3桁億円」など、**新規事業に対する前提として社内的に期待されている与件や、社内の意思決定者、ステイクホルダーの納得・追い風をつくっていくためにおさえるべき与件**です。

　たとえば、不確実性が高い領域における新事業であるため、まずは小さくとも売上をつくることが最重要という場合もあれば、既存事業に近い領域での新規事業であり事業部移管が前提であるため、事業部の理解を得るためにも事業サイズ以上に早期の黒字化やオペレーションの標準化が求められる場合もあるでしょう。

　これらは明確に提示されていない場合もありますが、経営層や意思決定者、あるいは社内ステイクホルダーとの会話を通じて、そもそも外してはいけない、おさえないといけない要素は把握し、成長ストーリーを描くうえでの与件として据えるべきでしょう。

第 4 章　顧客を決める

4-5-3　固有特性与件とは何か

　固有特性与件とは、**起案者が描くビジネスモデルごとに異なる固有の特性から生まれる与件**であり、業界構造や競争環境、事業特性から考慮すべき与件や育てていくうえでの順番です。

　医療機器業界の事例のような規模をもつのは診療所だが、規模をつくるには大学病院の攻略が必須という意思決定構造の特性や、未開拓市場であるものの今後数年で競争環境が急激に激化する見込みがあるのであればいかに早く認知をとるかが最重要である、という観点もあるでしょう。

　あるいは事業特性上、顧客の嗜好データの密度によって自社が提供する価値が左右されるような事業であれば、まずは売上や収益よりも顧客データを獲得、収集することが最重要事項となりそのうえで収益化をめざす、ということもありえます。

4-5-4　成長ストーリーにおけるKGI候補

　成長ストーリーにおいてまず何を最重要とすべきなのか、そしてその後どのように育てていくべきかは、企業風土や新事業の立ち位置、目的、ビジネスモデルによってケースバイケースではあるものの、成長ストーリーにおけるKGI候補となりえるものをまとめたものが図4-9です。

　採算観点や売上観点もあれば、コスト観点としてコスト圧縮や初期から大型投資はしないというスタンスのもと、リソース投入量の最小化などもKGIになりえるでしょう。あるいは収支とは別のアセット観点として、顧客認知や顧客数、実績、獲得データ量、業界キープレイヤーとのネットワーク構築といったものも、成長ストーリー上におけるKGIとなりえます。

　これらのKGIとなりうる項目群の中から、何を選択し、どの順番でおさえていくのかの規定がKGIストーリーです。単黒成立から実績獲得、その後売上規模を追求していくKGIストーリーもあれば、収益指標ではなく初期はアセット指標を重視し実績やデータを追い求め、その後に収益化に舵を切っていくというKGIストーリーもあるでしょう。

073

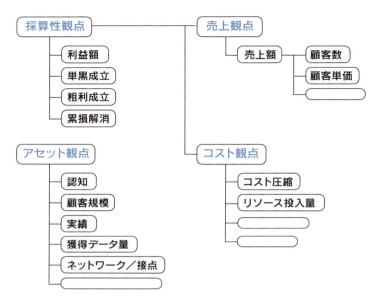

図 4-9　成長ストーリーの KGI 候補

4-6
KGIストーリーから9つの観点の優先順位をつける

　企業風土や社内期待値、事業、業界の特性をふまえ、自らの事業をどう育てていくのかのアウトラインを KGI ストーリーとして定め、「まず何を重視すべきなのか?」という問いに対しての回答を明確に語れる状態をつくることが、ターゲット顧客選定におけるステップ3です。

　KGI ストーリーが描けると、まず向き合うべき顧客を検討するうえでの9つの観点の優先順位をつけられるようになります。ユーザー規模を追い求めるのであれば量的魅力の観点を重視すべきです。あるいは売上が立つことの実証が最重要であるならば、解決策への渇望度や支払い許容額が高いターゲットが

優先されます。

　**「向き合う顧客は誰なのか？」「なぜその顧客とまず向き合うべきなのか？」
「具体的な実在する顧客を捕捉できているか？」は非常に重要な問い**です。
　だからこそ、最初に出会った顧客だから、十分なサイズが見込めるから、という単一の観点で定めるのではなく、時間軸も考慮した立体的な視点から定義、言語化をめざすべきです。

第5章
課題を設定する

5-1
問題と課題の違い

5-1-1　課題は起案者が選択するもの

　コンセプトを構成する2つ目の要素は、「課題」です。顧客における考え方と同様に、課題も超具体的なお悩みエピソードの粒度まで解像度を高める言語化を通じて、課題が実在することへの確信を得られます。
　同様に、ある一定量の人や企業に共通し一般化／共通化させた課題として言語化することにより確証を得られます。
　このようなミクロとマクロの2つの視座からの言語化が重要です（図5-1）。

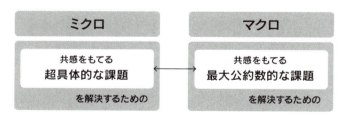

図5-1　VDSにおける課題の位置づけ

課題と混合されやすい言葉として「問題」があります。起案者が言語化しているものが課題ではなく、問題となっているケースも多く見受けられます。

問題とは**現状と理想とする姿／あるべき姿のギャップ**のことです。一方で、課題はその**問題を引き起こしているさまざまな要因の中で、起案者が意思をもって選択するもの**です（図5-2）。

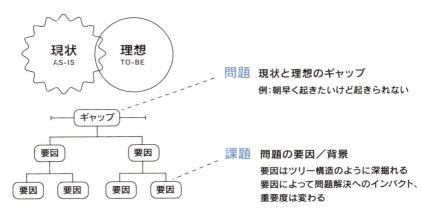

図 5-2　問題と課題の違い

5-1-2　課題には構文がある

たとえば、「朝の出社時、ビルのエレベーター待ちの行列が起きている」現状に対して、「エレベーター待ちのストレスがなく、スムーズに出社できる」理想があるのであれば、「エレベーターの待ち時間が長い」がギャップであり、問題です。

エレベーターの待ち時間が長くなっている要因には、エレベーターの速度が遅い、エレベーターが1台しかないといったような「エレベーター自体の要因」もあれば、ゆっくり降りる人が多い、各階で停止しているという「利用のされ方の要因」もあるかもしれません。あるいは超高層ビルなので1度の往復に時間を要するという「建物に起因する要因」も考えられます。

さまざまな要因がある中で、起案者が意思をもって選択、特定するものが「課題」です。問題と課題の関係性は図5-3のような構文として表現できます。

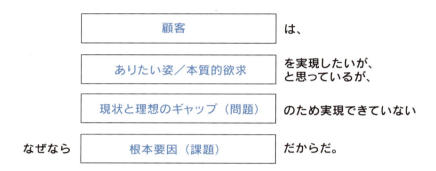

図5-3　課題構文

5-2
よい問題とよい課題

5-2-1　質を考える

まず問題があり、その配下に要因として課題がある。このことをふまえると事業構想で課題と向き合ううえでは「問題の質」と「課題の質」を意識すべきことがわかります（図5-4）。どれだけよい問題だとしても、その要因としてとらえる課題が問題に対してずれたもの、問題の解決につながらないことは避けるべきです。

逆に、問題の解決に直結するような「よい課題」をとらえていても、そもそも向き合っている問題が、顧客や社会にとってあまり重要ではないことも避けるべきです。よい問題をとらえられているか、よい課題をとらえられているかは事業構想で意識すべき考え方です。

図 5-4　問題の質と課題の質

　では、よい問題とよい課題を選択するうえで、「問題」と「課題」の質を左右する要素を考えてみましょう。

　現状とありたい姿のギャップである問題は、事業構想やビジネスモデルを描くうえでのテーマに近いものです。先の例で挙げたような早起きしたいが起きられないという生活に根差した身近な問題もあれば、地域の人口流出が抑えられない、食品廃棄が抑制できないといったような社会性を伴う問題、あるいは製造設備が遊休資産化してしまっているというような企業活動に属する問題もあるでしょう。

5-2-2　問題の質を左右する4つの要素

　世の中にはさまざまな問題がありますが、その質を左右する要素が4つあります（図5-5）。

　1つ目の要素は問題に共感を抱く人の数、問題と直面する人の数、すなわち量です。ビジネスにおいて量の観点は避けては通れません。

　2つ目の要素は逼迫性です。問題には、お金を払ってでも解決が望まれているものと、問題認識はあるがお金を払うほどではないものがあります（問題の

逼迫性は向き合う顧客次第ですが、問題自体のもつポテンシャルとしての話です）。

3つ目の要素は適切なタイミングかどうかを意味する時流性です。テクノロジーの進展や価値観、人口動態、経済環境、規制緩和などの環境変化の中で新たに生まれる問題、これから注視される問題かどうか、といった観点です。

4つ目の要素は、なぜ自社、自分たちがその問題と向き合うべきなのかを意味する意義性です。

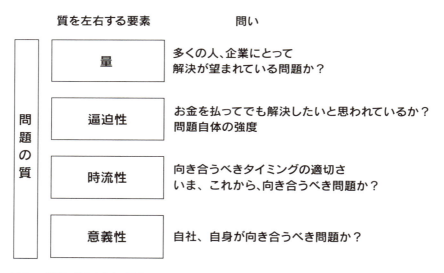

図 5-5　問題の質を左右する要素

5-2-3　課題の質を左右する4つの要素

課題の質を左右する要素も4つあります（図5-6）。

1つ目の要素は問題と同様に、課題に共感する人の数である量です。

2つ目の要素は問題の要因として課題があるということから、本質度が挙げられます。向き合っている問題に対してもっともクリティカルであり、問題解

決にインパクトを与えうる課題かどうか、という観点です。どれだけ質の高い問題だとしても、要因として焦点をあてた課題と向き合っても問題の解決にはつながらないケースは避けるべきです。本質度はよい課題の必須条件ともいえるでしょう。

3つ目の要素はそもそもその課題は解決可能なのかを意味する解決可能性です。

4つ目はテクノロジーの浸透によってこれまでは解決できなかったが解決可能になったというような時流性です。

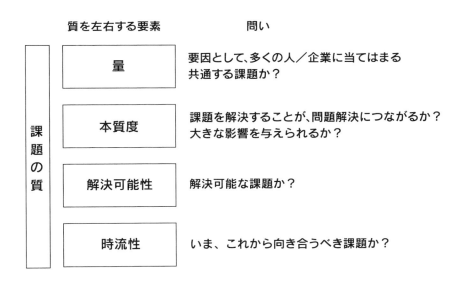

図 5-6　課題の質を左右する要素

第 2 部　コンセプトを書く

5-3
よい課題を見出すイシューマップ

5-3-1　イシューマップとは何か

　本書では「よい課題をどう見出すか」という課題探索に焦点をあてて手法を紹介します。

　課題の探索は愚直なインタビューや行動観察を通じて、問題の背景に潜む要素・要因を洗い出し、その関係性を構造化したうえで、論拠と意思をもって選択します。

　構造化の代表的手法であり、筆者らも頻繁に活用しているのが「イシューマップ」です。**インタビューや行動観察から得た顧客の行動や想い、実際の行動や事実を付箋で書き出し、関係性を付箋間の矢印を用いて可視化**します。

　図5-7 は、「30 代の働くママ」に向けて「資格学習を通じてキャリアアップしたい」が「学習が思うように進まない」という問題に対してのイシューマップです。

　イシューマップから学習が思うように進まないという問題は、さまざまな要因が絡み合い引き起こされていることがわかります。問題の背景には、もっと頑張りたいという想いとは裏腹に、毎日疲れて寝てしまうという実態があり、その事実からモチベーションが低下し続けるという負のサイクルがあります。

　さらに、その配下には職場環境と家庭環境に関連する要因が芋づるのように連なっています。このような構造の中で、苦しんでいる人の量的な観点、本質度や解決可能性、時流性といった観点から、向き合うべき課題の焦点を定めていくのです。

082

第 5 章 課題を設定する

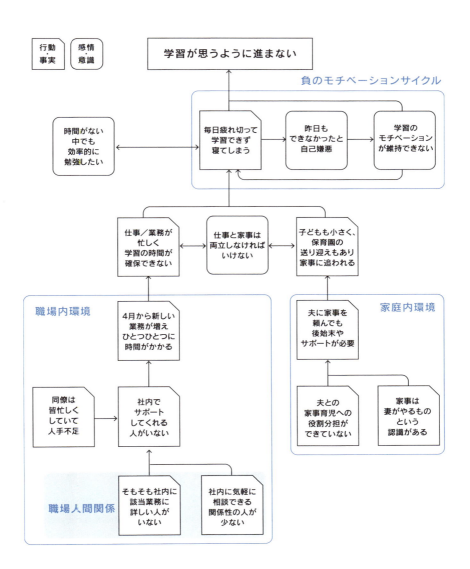

図 5-7　イシューマップ

5-3-2 課題を探索するためのさまざまなアプローチ

図5-7の通り同じ問題と向き合っていても、家庭内環境の要因に焦点をあてるか、職場内環境の要因に焦点をあてるかで、提供すべき解決策や向き合う競合は大きく変わります。

問題の背景をどうとらえ、課題をどう定義するかはビジネスモデル全体に大きなインパクトを与えるので、量や解決可能性とともに、起案者自身の想いや意思をもって定義すべきものといえるでしょう。

構造化の手法はイシューマップ以外にもロジックツリーや、顧客の行動の流れに沿って問題の要因を構造化したどるユーザージャーニーマップなどさまざまな手法があります（図5-8）。向き合う問題の特性によって使い分けるとよいでしょう。

課題探索アプローチ	特徴	相性のよいケース／特性
ロジックツリー 	問題の背景要因をツリー上に分解していく構造化手法。要因の網羅的な洗い出しと探索には適する一方で、要因間の因果関係や順序、関係性は扱いづらく、社会課題など多様な要因が絡み合う問題との相性は悪い。	網羅的な要因探索において課題探索を重要視するシーン
ユーザージャーニーマップ 	問題に関連する行動やプロセスの順序に着目し、課題を探索する構造化手法。何かしらの作業や、プロセスなどに焦点を当てた問題や、課題探索との相性はよいが、複雑な関係性、ループ構造などは扱いづらい。	業務プロセスや、一連の行動にひもづく問題 例：旅行の手配における問題
イシューマップ	要因間の関係性に着目し関係づける構造化手法。さまざまな要因が絡み合う複雑性の高い問題と向き合ううえで必要なアプローチ。関係性や因果関係、ループ構造は扱いやすいものの、要因の網羅性や、時間軸に焦点は当てづらい。	複雑性をはらみ、要因間の因果関係、ループ構造が窺える問題（社会課題、多様なステイクホルダーが絡む問題など）

図5-8 課題と向き合うアプローチの比較

5-4
あるべき問題と課題のとらえ方

5-4-1　高い解像度でとらえて確信を得る

　ここまで、問題と課題の構造と質、そして課題の探索手法について紹介をしてきました。事業構想では、ミクロとマクロそれぞれの視座から生まれる確信と確証が必要です。「顧客」の段では、実在するn1顧客との接触、定義が確信をつくり出し、ターゲット顧客群、市場の定量化を通じて確証を得ますが、この構造は課題でも同様です。

　自らが設定し、焦点をあてる問題と課題が本当に実在し、逼迫感を伴った課題かどうかは、市場の調査データや定量データ、あるいは要約された言葉からは実感をもてず、確信を得ることはできません。

　顧客に触れ、話を聞き、問題と課題を実際の行動や感情も含めたお悩みエピソードとして具体的に、高い解像度で捕捉することではじめて、本当に問題と課題が逼迫感を伴って実在し、解決が切に望まれているという確信を得られるのです。

5-4-2　顧客の生の声、行動に触れる

　働くママ向けの資格取得における問題を取り扱ったイシューマップで、学習が進まない背景要因の中から課題として「家事における家族間での認識のギャップ」を定義した際、課題を高い解像度でとらえられているとは以下のような状態です。

第2部　コンセプトを書く

> 　ある生活者から次のような話が聞けた。今年の4月から新規事業
> 担当に配属され、よい機会なので経営全般の理解を深めたいと思い
> 中小企業診断士の資格取得を狙っている。
>
> 　毎日勉強の時間を確保したいけれど、4歳と8歳の子どもがいるの
> で子育てもある。朝は保育園に下の子を送ったあとそのまま出社し、
> 夕方にお迎えに行って、そのまま晩御飯の準備。晩御飯が終われば
> 掃除と洗濯。
>
> 　余裕がないときは夫にお願いすることもあるけれど、夫に頼むと
> 洗濯物の直す場所が違ったり、皿洗い後の食器がびしょびしょだっ
> たりで、結局は私がやり直すことも多い。夫に都度注意やお願いを
> しているが一向に直る気配もない。
>
> 　あと、「手伝おうか？」という夫の言葉も気になる。家事育児の
> 主担当が私で、あくまで手伝う立ち位置で考えているところが……。
> 育児も家事もほぼ1人で対応している毎日なので夜はもう毎日クタ
> クタで資格学習に取り組む気力がなくなっている。

　向き合う問題と課題は「夫妻の間における家事に対する認識のギャップがあ
り、家庭内での家事分担が十分にできていないため、学習が思うように進まな
い」となります。ただ、このように要約した粒度を調査データやインターネッ
ト上の情報で触れるだけでは、課題のリアリティや逼迫性はつかめません。

　実在する顧客の生の声、生の行動に触れ、向き合う問題と課題をリアリティ
と逼迫性を伴った生々しいエピソードの粒度で捕捉できている状態が新規事業
における確信をつくり出すうえでは欠かせません。

086

5-4-3　量・サイズから確証を得る

　一方、1人の生活者、企業が抱える問題・課題と向き合うだけではビジネスになりえないので、群とサイズに向き合い確証を得る必要もあります。

　確信を得ていく動きは解像度を高め、リアルなエピソードへふみ込んで固有性／具体性を高めていく思考と検討の動きです。確証を得ていく動きは、個別性／具体性を排除し、一般性を高め、問題と課題を要約したうえで量・サイズと向き合う動きと表現できます。

　先のエピソード内における「4月から新規事業担当に配属」「中小企業診断士の資格取得を狙っている」といった情報は話してくれた方固有のケースであり、定量調査等を通じて問題と課題に共感し、逼迫感を抱いている方の数を把握していくうえでは不要な情報でしょう。

　個別具体的な要素を削ぎ落としていくと、つまり問題と課題は**「30代で働き盛りのママは資格学習を行いたくても、家族間の家事に対する認識のギャップによって、思うように学習時間を捻出できない」**となります。

　個別具体性を排除し、ある程度の一般性をもって要約された問題と課題に対して、共感と逼迫性を抱く人の数と向き合い、確証をつむいでいくのです。

5-4-4　課題を探索するステップ

　課題探索を思考のステップとして表すと（図5-9）、まず世の中にあるさまざまな問題の中から量や逼迫性、時流性、意義性の観点から向き合うべき問題を定めます。

　次に、問題が起きている背景・要因を構造的に洗い出し、向き合うものを課題として定義します。続いて、定義した問題と課題の個別具体性を高め、エピソードの粒度で捕捉して確信を得ます。

　同時に、エピソードから個別具体性を排除し、一般性を高め、量と向き合い確証をつむぎます。向き合うべき問題を定めたうえで「なぜ？」で思考を深め、「たとえば？　具体的には？」で解像度を高め、「つまりは？」で一般性を高め要約する、ともいえます。

この探索と検証の営みの中で定義して言語化すべきもの、それこそが課題なのです。

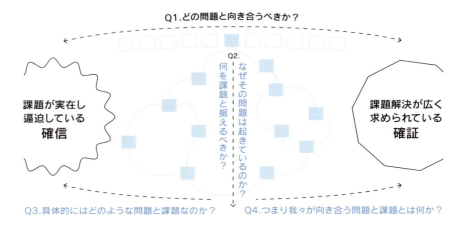

図 5-9　事業構想の望ましい思考ステップ

5-4-5　問題と課題をミクロとマクロの両側面からとらえて構造化する

　こうした全体像がある中でどこから考えるべきかは、起案者の特性や事業構想のきっかけ次第で、さまざまなパターンがあるでしょう。

　日々の生活や仕事の中で具体性と逼迫性を伴った生々しい声に触れ、確信を得た状態から始まり、一般性を高めることで量的な確証を得ていくパターンもあるでしょう。

　あるいはオープンデータや調査データから焦点をあてるべき問題と課題を粗くつかみ確証を得たうえで、課題の現場や実態に触れて、問題と課題の解像度と具体性を高め、確信をつむぐパターンもあるでしょう。

　いずれにしても、問題と課題を、具体性と一般性の両側面から定義し言語化する中で、確信と確証をつむいでいくことにほかなりません。

事業構想、ビジネスモデルにおける最重要項目ともいえる「課題」の検討では、世の中にあるさまざまな問題の中からどこにピンを止めるのか、問題の背景／配下にはどのような要因が潜んでいるのか、その中でどの課題に焦点をあてるべきか、といったことと向き合うこととなります。

構造化思考と選択する意思がとても重要な要素ともいえるでしょう。

第6章
手法・価値を見つける

6-1
手法・価値とは何か

6-1-1 顧客に何を提供し、顧客は何を得るか

　コンセプトを構成する3つ目の要素は「手法」、4つ目の要素は「価値」です（図6-1）。

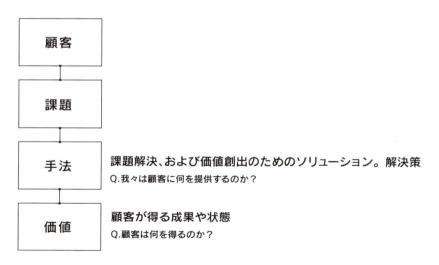

図6-1　手法・価値とは何か

「手法」とは**課題解決および価値をつくり上げるためのソリューション群**のことであり、「顧客に何を提供するのか？」という問いへの回答です。

「価値」は**手法を通じて顧客が得る成果や状態**のことであり、「顧客は何を得るのか？」という問いへの回答となるものです。

6-1-2　価値と手法の言語化は事業構想の羅針盤

課題に対して提供する手法は、向き合う競合やコスト構造に大きく影響を与え、また手法や価値次第で顧客の受容度や支払い意欲は大きく変化します。

コンセプトにおける「手法」と「価値」は、顧客の抱える課題視点から、優位性を構築できるのかという競争環境や、実現できるのか、採算は取れるのかという自社の観点につながる楔（くさび）のような立ち位置にあるものとも表現できます。VDSでは、手法・価値は顧客にミクロとマクロの両側面から向き合うコンセプト領域の最後に位置し、競争環境／戦略につながるところに位置します（図6-2）。

顧客と課題に対して提供するソリューションによって顧客が得られる成果や状態を、具体性を伴った「体験」の言語化と顧客の声を通じて、求められているという確信を得るとともに、顧客が得られる成果・状態である「価値」の言語化を通じて、一定のサイズに対して受け入れられる確証をつくり出すことを意図しています。ミクロとマクロの両側面から「価値」を定義、言語化する枠組みとなっています。

手法と価値は人によって解釈に幅が出やすく、抽象度の高い言葉ですが、価値と手法の言語化は、事業構想の羅針盤にもなります。

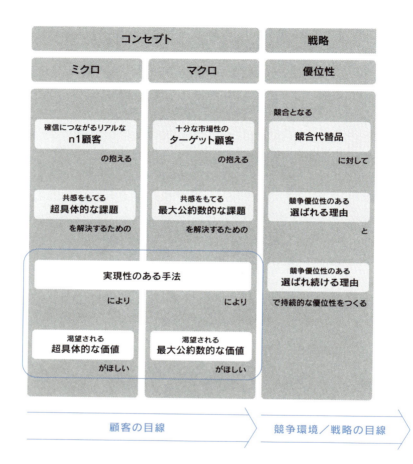

図 6-2　VDS における手法と価値

6-2
コンセプトダイヤモンド

6-2-1　手法と価値のつながり・構造を整理する

　手法と価値のつながりや関係性の全体構造を整理したものが図6-3に示すコンセプトダイヤモンドです。

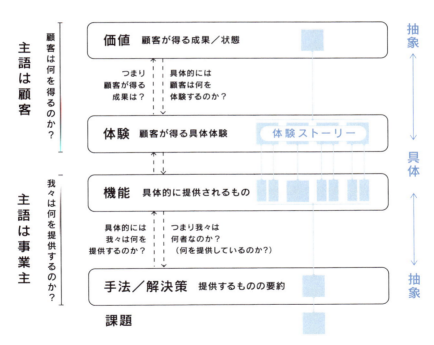

図6-3　コンセプトダイヤモンド

第2部　コンセプトを書く

　最上部の価値から体験へ広がる顧客主語で語られるべき上側領域と機能の広がりが手法／解決策へ要約されていく事業主目線で語られる下側領域に分かれています。両者は価値から手法への「縦のつながり」と、機能によって実現される体験の一連の流れ（体験ストーリー）としての「横のつながり」によって構成されています。

　顧客が得られる成果・状態としての「価値」は、具体の体験の連なりである体験ストーリーを通じて支えられているという関係性です。

6-2-2　BtoC事例のコンセプトピラミッドの上側領域

　スターバックスを例に、提供価値と体験ストーリーの関係性について考えてみます。スターバックスは自身の役割を「サードプレイス」と定義しているのは有名な話です。

　職場でも、家庭でもどこか気を張り続け、せわしなく過ぎゆく日常の中で、自らが属しているコミュニティ、役割から解放される第三の場所を提供することで、心からリラックスし、落ち着ける「心地よさと安らぎ」を顧客に対して価値提供しています。

　この価値に対して、実際にスターバックスを訪れた際に得られる具体の体験をイメージしてみましょう。

　・朝の通勤途中、いつものスターバックスに足をふみ入れると、温かな照明と心地よい音楽とともに、コーヒーのいい香りが漂ってくる
　・バリスタが笑顔で「おはようございます」と声をかけてくれ、朝からいい気分になる
　・注文を済ませ、受け取りを待つ間、木目調の内装や柔らかな座り心地のよいソファでフーッと一息
　・番号をよばれ、受け取りに行くとバリスタが丁寧にドリンクを手わたしてくれ、「いつもありがとうございます」と温かい言葉をかけてくれる

- 席につき、コーヒーを口に含み、自然と目を閉じ、一呼吸。コーヒーの味わいが口いっぱいに広がり、緊張がほぐれる
- ふとスリーブに目をやると「今日も頑張ってください！」という小さなメッセージ。バリスタからの励ましの言葉に心が温まる
- 席を立ち上がり、店を出ようとすると店員から「いってらっしゃいませ」の一言。「よし今日も一日頑張ろう」という気持ちが自然と芽生えた

　店舗を訪れ、注文し、店内でコーヒーを楽しみ、店を出るまでの一連の体験のつながりが体験ストーリーです（図6-4）。スターバックスの例でも、朝の通勤時間というせわしないシーンであっても、一つひとつの体験が連鎖のようにつながることで、日常から解放され、「心地よさと安らぎ」を得ていると感じられるのではないでしょうか。

　顧客が最終的に得られる成果や状態として価値があり、それを下支え、体現する体験ストーリーという関係性であり、顧客が得られるものの要約・抽象として価値があり、具体として体験があるという構造です。

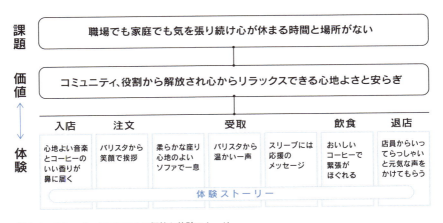

図6-4　スターバックスにおける価値と体験ストーリー

第 2 部　コンセプトを書く

　一方で、価値の強度は体験ストーリー自体のつながりの強度に強く影響を受けます。スターバックスの体験ストーリーの中に、下記のような体験が混じるとどう感じるでしょうか?

> ・店舗に着くと行列。注文まで 20 分かかってしまった
> ・席につき、コーヒーを飲もうとすると隣に座っていた人が大声でリモート会議をしていた

　入店時にコーヒーのいい香りがしたとしても、スリーブに温かいメッセージが書かれていたとしても、最終的に得られる成果としての「心地よさや安らぎ」は大きく損なわれてしまうのではないでしょうか。

　入店から退店までの一連の体験の中によくない体験が混じることで、結果として得られる価値とその実感は大きく弱まってしまいます。

　つまり、一連の体験のつながりにおける強度が、最終的に顧客が得られる成果や状態である価値の強度にもつながるのです。

6-2-3　BtoB事例のコンセプトダイヤモンドの上側領域

　価値は体験ストーリーを通じて体現されるという構造は BtoB 事業でも同様です。クラウド型の企業向け顧客管理（CRM）システムの例を考えてみます。

　部署ごとに顧客管理のデータ形式がばらばらなので非効率な営業が行われているという課題に対して、「営業活動における生産性の向上」が価値です。この価値を体現している体験ストーリーを描いてみます。

- 初回のオンラインデモで、営業担当者は私たちの業界特有の課題を深く理解してくれていた。「御社の商談サイクルや特性に合わせたカスタマイズが可能」という言葉に、営業活動の改善に向けた可能性を感じる
- 導入を決定すると、専任のプロジェクトマネージャーがアサインされた。彼女は私たちの業務フローを詳細に分析し、最適な設定を提案してくれた。「御社の強みである顧客フォローアップをこのダッシュボードで可視化できます」という具体的な提案に期待が高まる
- システム移行時には、データのクレンジングから移行まで全面的にサポートしてくれた。「貴重な顧客データを安全に移行します」という言葉に信頼感が深まる
- 導入後、カスタマイズされたトレーニングセッションが行われ、チーム全体がスムーズにシステムを使いこなせるようになった。「御社の営業プロセスに合わせた使い方をご説明します」というアプローチに、私たちのビジネスへの理解の深さを感じる
- 導入後のレビューミーティングでは、私たちの利用状況を詳細に分析したレポートが提示される。「こちらの機能をさらに活用することで、顧客満足度の向上が見込めます」という具体的な提案をくれるのでさらなる活用の可能性を感じる
- トラブルが発生した際も、24時間態勢のサポートデスクが迅速に対応してくれる。「御社の業務に支障が出ないよう最優先で対応いたします」という姿勢にビジネスパートナーとしての信頼感が強まる

　ばらばらに管理されていて非効率な営業活動が行われている課題に対して、安心感と信頼を深めながら、顧客の営業活動の生産性を高めていくための一連の体験がストーリーとして存在しています（図6-5）。

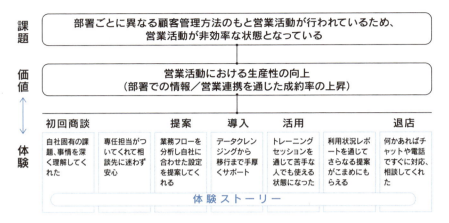

図 6-5　クラウド CRM ソリューションにおける価値と体験ストーリー

6-2-4　体験ストーリーが価値を体現する

　体験の連鎖である体験ストーリーが価値を体現するという構造は、BtoC 事業や BtoB 事業を問わず、デジタルソリューションであれ、モノビジネスであれ、すべてのビジネスに共通するものです。描かれる事業の形態問わず、意識すべき考え方でしょう。

　2 つの事例を通してコンセプトピラミッドの上側領域を解説しました。上側領域の主語は顧客です。

　「顧客はサービスや事業を利用した結果、最終的に何を得られてどういう状態となるのか？」を言語化したものが価値、具体的に顧客が得る体験の連鎖が「体験ストーリー」です。

　一方、主語が「事業主／起案者」に移るコンセプトピラミッドの下部領域についても見ていきましょう。

6-2-5　コンセプトピラミッドの下側領域

　下側領域で向き合う問いは「何を提供するのか？」です。この問いに対しての抽象／要約の解が「手法」であり、具体が「機能」です。再びスターバックスの例で見てみましょう。

　先の体験ストーリーの中にはスターバックスが提供している複数の機能がまぎれていました。温かな照明と心地よい音楽が流れる店内環境、木目調の内装や座り心地のよいソファ、細やかな気配りを届ける店舗スタッフ、高品質でおいしいコーヒーなどです。

　これらは顧客が得られる体験をサービスとして提供するためにスターバックスが用意している機能です（図6-6。例示のためシンプルに表現しています）。

　顧客が得られる体験ストーリーの裏側には、サービス提供者である事業者側が提供する機能があります。顧客から見える体験と、事業者が提供する機能はコインの表裏のような関係性にあります。体験ストーリーを実現するためのさまざまな機能がある中で、それらを束ね、つまり我々は何を提供しているのかへの回答が「手法」となります。スターバックスの場合は「サードプレイスとしてのカフェ」となるでしょう。

　先に例示したBtoB事業でも、営業特性に合わせたカスタマイズ性、業界知見のある営業担当者、専任プロジェクトマネージャーによる活用提案、データ移管サポート、導入後トレーニング、24時間サポートというさまざまな機能が、顧客が体験する一連のストーリーを体現するために内包されていました。

　これら具体の機能を包括するソリューションとして提供をしているものが、「クラウド型顧客管理トータルサービス」となります。

　具体的に提供するものが「機能」、提供しているソリューション、あるいは自分たちの役割が「手法」です。顧客に対して描くビジネスやサービスを認知してもらううえでの肩書やサービス要約であり、「つまり我々は何を提供するのか？」に対しての明確な回答ともいえるでしょう。

第2部 コンセプトを書く

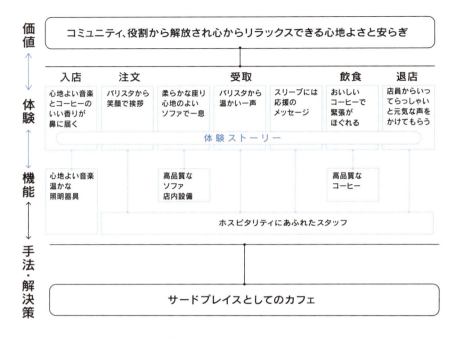

図 6-6 体験ストーリーと機能の関係性

6-3
手法と価値を言語化する意味

6-3-1 事業の輪郭を定め選択の指針となる

　コンセプトピラミッドにおける「手法」と「価値」を明確に定義し、言語化することは、事業構想においてとても大きな意味があります。
　課題が定義され、解決策としての手法（ソリューション）と向き合うと「こういう体験も提供した方がいいのではないか？」「こういう機能もあるといい

よね」といった具体のアイデアは際限なく湧いてくるものです。将来の姿であれば、体験や機能をどんどん取り込み、よりリッチなサービスを思い描いていくことはよいのかもしれません。

　しかし事業構想やめざすべき事業・ビジネスモデルをつくり上げるフェーズでは、「あったらいいかもしれない体験や機能を際限なく取り込むのではなく、明確な指針によって選択し、削ぎ落とし、つくり込んでいく必要があります。

　顧客に対して自らの描く事業やサービスを選び、顧客から選ばれ続けるためには事業、サービスの顔立ちを明確にしなければなりません。「手法」と「価値」の言語化は、事業を明確にするための羅針盤になる、と先にお伝えしたのはこの理由からです。

　価値を「安らぎと心地よさである」とするならば、店舗内でのリモート会議の許可やリモートワークブースを設けるといった機能アイデアが出たとしても価値毀損につながる、我々が提供をめざす価値にはそぐわないという観点から棄却できるでしょう。

　あるいは、手法を「顧客管理トータルサービス」とするならば、顧客企業にとっての営業先をマッチングするような機能アイデアが出たとしても、顧客管理領域に立ち位置を据えている中で、それでも取り込むべきかどうかという建設的な議論につながるでしょう。

　向き合う顧客と課題に対して、何をどのように提供するのかを整合させて、言葉で明確に定義できる状態をめざしましょう。

6-4
手法・価値の発想法

6-4-1 さまざまな発想のパターン

　手法と価値を検討するうえでは、コンセプトダイヤモンドにおける4つの要素はいずれも発想、検討の起点となりえます（図6-7）。

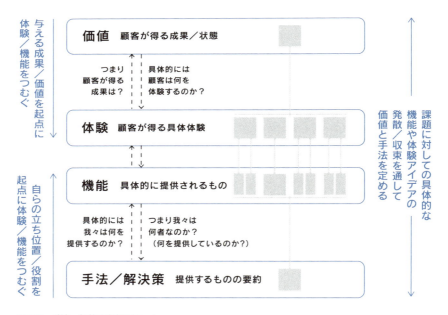

図6-7　手法・価値の発想パターン

　顧客が得る成果である価値というゴールを定めたうえで、具体の体験や機能をつむぐパターンもあれば、課題に対しての理想的な体験アイデアや機能アイデアを検討したうえで、つまり我々は何者なのか、顧客は何を得るのかという

第6章　手法・価値を見つける

問いをもって価値や手法を定めていくパターンもあるでしょう。

　あるいは、サードプレイスやクラウド型顧客管理トータルサービスといったような自らの立ち位置や役割を定義したうえで、具体の機能や体験をつむぎ、最終的に顧客が得る成果を価値として言語化していくパターンもありえます。

　発想の起点はさまざまですが、実務上は**抽象としての「手法・価値」と具体としての「体験・機能」は一方通行ではなく、往復運動の中でそれぞれを見定め、定義をしていく**ものであり、発散と収束の中でつむがれていくべき要素です。

6-4-2　可能性を広げて発散させる

　可能性を広げて発散するうえでは、提供する価値の方向性やさまざまな体験、機能を検討するきっかけを与えてくれる「How Might We Question」は有効なアプローチです（図6-8）。

　図6-8では「マイボトルを買ったものの、洗うのが面倒で使えていない」という課題に対してさまざまな価値の方向性を広げ、機能や体験を描くうえでの問いが生まれます。

6-4-3　価値や手法が描けていない場合のアプローチ

　価値や手法が描けていない場合は、課題に対して価値や体験／機能を広げ、取捨選択の中で提供すべき価値と手法を見定めていくプロセスをたどるとよいでしょう（図6-9）。

　事業構想において、「手法」と「価値」を通じて見極めるべきことは、「顧客に渇望されるのか？　求められているのか？」という受容性です。

　具体としての機能や体験を通じて渇望されるという確信を得るとともに、抽象／要約としての価値や手法に対して広く受け入れられる、求められるという確証を得られている状態をめざしましょう。

103

第 2 部　コンセプトを書く

	着眼点	考え方	例： マイボトルを買ったのに 洗うのが面倒で使っていない
1	よい点を伸ばす	課題がもっている ポジティブな面を伸ばす	どうすれば マイボトルがきれいになっていくことを実感 できるのだろうか
2	悪い面をなくす	課題がもっている ネガティブな面を消す	どうすれば 洗わなくてよいマイボトルを提供 できるのだろうか
3	反対にできそうな 点を探す	課題がもっている ネガティブな面を ポジティブに変える	どうすれば マイボトルを楽しみながら洗ってもらえる のだろうか
4	前提を疑う	課題がもっている 前提条件をひっくり返す	どうすれば 利用済みのマイボトルを不潔と感じないように できるのだろうか
5	形容詞を変える	課題に関する形容詞 （性質や状態）を考えて 変化させる	どうすれば 洗いにくいマイボトルを洗いやすく できるのだろうか
6	別のリソースを 活用する	課題に関連する、 他の使用可能な資源 （モノ・人）に着目する	どうすれば 他の洗い物のついでにマイボトルを洗うことが できるのだろうか
7	ニーズや文脈から 発展させて考える	課題に関連する 事象から発想 をジャンプさせる	どうすれば マイボトルを洗うことをセルフケアのように 行ってもらうことができるのだろうか
8	課題の主を変える	課題の所有者以外を 巻き込む	どうすれば マイボトルを誰かに洗ってもらうことが できるのだろうか
9	現状を変更する	現状の課題を解決する	どうすれば マイボトルを面倒に思わずに洗える だろうか
10	課題を切り分ける	課題を複数の話題に 切り分けて考える	どうすれば 利用したマイボトルを不潔だと思わないように できるだろうか どうすれば マイボトルを洗わなくても利用 できるだろうか

図 6-8　How Might We Question での検討例
（出典：https://practices.learningaccelerator.org/artifacts/stanford-d-school-how-might-we-questions)

第 6 章　手法・価値を見つける

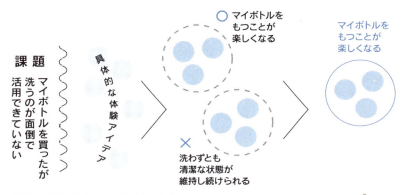

図 6-9　体験ブレストから価値をつむぐ

105

第2部 まとめ

　ビジネスモデルを描くうえではさまざまな起点があります。

　オープンデータや世の中のトレンド、営業先で出会った顧客、課題が発生している現場との遭遇、自社の技術アセットなど、ビジネスモデルを描くうえでの入口は1つではありません。

　ただし、どの入口／起点から構想をはじめたとしても、まず向き合い、精錬すべきものがコンセプトです。

　コンセプトを描くうえでは、顧客から課題、手法、価値という縦のつながりとともに、具体性（ミクロ）と一般性（マクロ）の横のつながりを意識することが重要です（図2-A）。

　本章で解説をしてきた各要素の背景、そしてつながりをおさえながら、確信と確証を伴ったコンセプトの言語化と向き合いましょう（図2-B）。

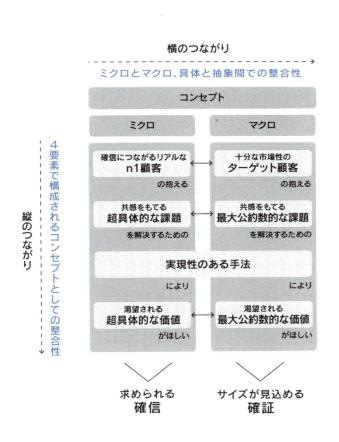

図2-A　コンセプトにおける縦と横のつながり

背景にあるつながり／考え

企業内与件と固有特性与件

∨ Q.事業をどのように育てるのか？

コンセプト

成長ストーリー　KGIストーリー

ミクロ　　　　　　　マクロ

∨ Q.まず何を重視すべきか？

顧客の3階層

ターゲット検討における9観点

確信につながるリアルな
n1顧客 　　→　　十分な市場性の
ターゲット顧客

Q.まず向き合うべき顧客は誰か？

の抱える　　　　　　　　　の抱える

2つの質を左右する8要素

問題と課題の構造

Q.よい問題／よい課題を捉えているか？

共感をもてる
超具体的な課題 　　　　　共感をもてる
最大公約数的な課題

を解決するための　　　　　を解決するための

コンセプトダイヤモンド

実現性のある手法

価値

により　　　　　　　　　により

Q.顧客は何を得るのか？

体験（ストーリー）

渇望される
超具体的な価値 　　　　　渇望される
最大公約数的な価値

がほしい　　　　　　　　　がほしい

機能

Q.我々は何を提供するのか？

手法

図2-B　コンセプトの背景にあるつながりと考え

108

第3部
戦略を書く

　事業開発の現場では競争環境を分析し、ポジショニングマップなどで自分たちのアイデアがなぜユニークなのか、競合と比べてどこが違うのかといった議論は必ずといっていいほど行われています。しかし、他社との違いや優位性の明示だけでは不十分です。

　向き合うべきは「なぜその違いをつくれるのか？」もふまえた「実現性を伴った優位性」なのです（図3-A）。

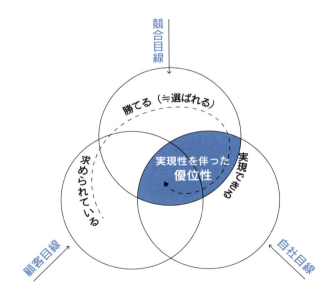

図3-A　戦略の位置づけ

戦略は明言するものではなく体現するもの。「価格帯が違います」「価格が安いから勝てます」ではなく、「自社やパートナーアセットを組み合わせることで低価格で提供できるので勝てます」といえる状態、実現性を伴った優位性こそが必要なのです。

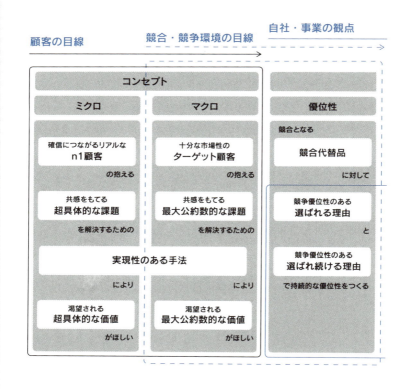

図 3-B　顧客目線に競合／自社視点を重ねる

第3部では、顧客の目線に競合と自社の視点を合わせることで、「なぜ勝てるのか」（実現性を伴った優位性）を整合性のある1つのストーリーとして描き切ることをめざします（図3-B）。

第 3 部　戦略を書く

第 7 章
競合をとらえる

7-1
見える競合と見えない競合

7-1-1　競合次第でビジネスモデルは一変する

　戦略を考える最初のステップは競合の規定です。競合をどこに据えるか次第で、自社の取るべき戦い方は変わります。

　戦い方が変わると、それを体現するために必要な要素、仕組みも変わり、最終的には収支構造にまでその影響は及びます。結果として構築するビジネスモデルも大きく変わるのです。

　競合を正しく規定することは事業構想の成否を分かつほどの大事なテーマです。現代は、AI に代表されるデジタルテクノロジーの急速な進展を背景に、VUCA とよばれる通り、不確実性を孕み、急激な変化が起こりうる時代です。事業者を区切る業界の垣根が崩れ、競合関係はより一層曖昧でつかみづらくなっています。

7-1-2　既存業界の枠組みを超えて競合をとらえる

　記憶に新しい COVID-19 を経て、遠方の相手とリアルタイムで会議ができる Zoom をはじめとしたオンライン会議システムが急速に浸透したことで、ビジネスユースでの飛行機利用が激減しました。エアライン事業とオンライン会議システムが実質的な競合となっていたのです。この話は、業界の垣根が崩壊

していることを表すわかりやすい例です。

すでに市場が形成され先行事業が台頭しているような市場への参入である後発型の新規事業であれば競合は規定しやすいでしょう。

しかし、デジタルテクノロジーを活用し既存の業界を超えた新たなビジネスを構想する場合は、明確な競合が存在せずどこを競合とすべきかを悩まれるケースは多く見受けられます。

現代の環境における事業構想、および新規事業開発においては、**既存業界の枠組みに留まらず、見えていない競合をいかにとらえるかは避けては通れない**テーマなのです（図7-1）。

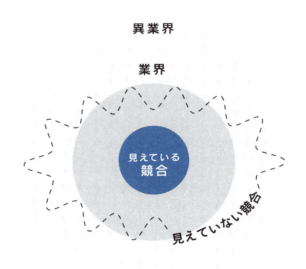

図7-1　見えている競合と見えていない競合

7-2
競合を可視化する

7-2-1 4つの階層にわけて考える

　見えていない競合を可視化するには、ビジネスモデルの幹となるコンセプトを構成する「顧客」「課題」「手法」「価値」の4つの要素を用いたアプローチが有効です。

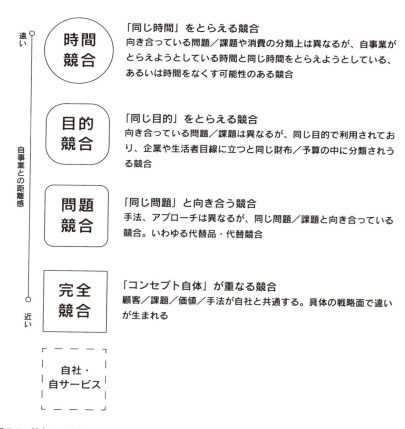

図7-2　競合の4階層

第7章 競合をとらえる

　新規事業開発の現場では、「自分たちのアイデアはまだ世にないので競合は存在しません」と明言されることもよくあります。自ら市場創造を行っていくようなビジネスの場合は類似のサービスはなく、一見競合は存在しないように思われがちです。

　しかし、生活者や企業の時間とお金は有限である以上、どれだけ新規性の高いソリューションであったとしても競合は必ずどこかに存在します。ただし、競合という言葉は1つであっても、その意味する内容は1つではなく、自社事業コンセプトとの重複度、ひいては自社事業との距離感の違いによって競合は4つの階層に分かれます。

　自社事業から距離感が近い順に「完全競合」「問題競合」「目的競合」「時間競合」です（図7-2）。

7-3
完全競合

7-3-1　コンセプトの4要素が共通している

　自社事業との距離感がもっとも近いのが完全競合です（図7-3）。**向き合っている顧客や課題、提供している価値、手法まで自社と共通する事業者群**です。事業の幹であるコンセプトの4つの要素のすべてが共通する事業者とも表現できます。

　たとえば、群雄割拠の様相を呈しているタクシー配車サービスの日本における元祖は2011年のJAPAN TAXI（旧サービス名：日本交通タクシー配車。現在はGOに移管）です。

　スマホならではの直感的な操作とGPS機能を用いて、日本交通グループが保有するタクシーの中から利用者の現在地、乗車場所にもっとも近いタクシーを割りあて、待ち時間を最小化する価値をめざしたサービスです。JAPAN

115

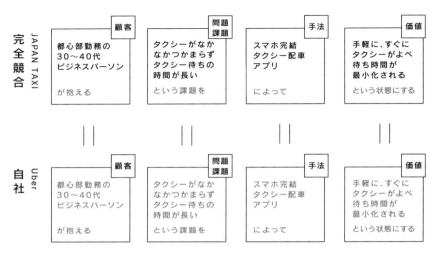

図 7-3 完全競合

TAXI のリリースから 3 年、2014 年には Uber が日本市場でサービス提供を開始しました。

　JAPAN TAXI は自社でタクシーを保有している一方で、Uber はタクシーを保有しておらず、あくまでタクシーと利用者をつなげるマッチングプラットフォーマーであり、両者のビジネスモデルや強みは異なります。

　しかし、「誰の」「どのような課題を」「どのような手法で」「どのような価値」を提供するのか、というコンセプトの観点から両者は 4 つすべての要素ともに重なっており、完全競合であるといえます。

　市場がすでに形成され、先行の事業者が存在する中で後発で参入するような新規事業の場合は、すでに自社と類似のアプローチで価値提供を進めている完全競合が焦点をあてるべき事業者です。完全競合はもっともわかりやすく、見えやすい競合といえるでしょう。

7-4
問題競合

7-4-1 同様の問題／課題と向き合っている

　課題解決の手法・アプローチは異なるものの、**同様の問題／課題と向き合っている事業者**が問題競合です（図7-4）。自社事業の代わりとなりえる、代替品とも表現できます。

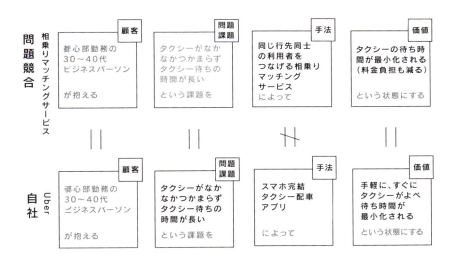

図7-4　問題競合

　UberやJAPAN TAXIは、タクシーの待ち時間が長いという問題、そしてその要因としてのなかなかタクシーが捕まらないという課題をタクシーの位置情報を活用したスマホ完結配車サービスという手法で、解決を図っていました。待ち時間が長いという問題に対しては、タクシー会社に直接電話して配車手配をしたり、近くにいて移動したい方向が同じ人同士の相乗りを促すマッチング

サービスを提供する、といった方法もあるでしょう。

あるいは、規制緩和に向けた動きが進むライドシェアも、タクシーの待ち時間という問題を解決しうる異なる手法として Uber や JAPAN TAXI にとっての問題競合となります。

7-5
目的競合

7-5-1　目的が重複している

顧客が抱える問題と課題の背景には、こうなりたいという目的が存在します。**課題に対して「何のために」という問いを用いて「目的」に変換した内容が自社と重複する事業者**が目的競合です（図7-5）。

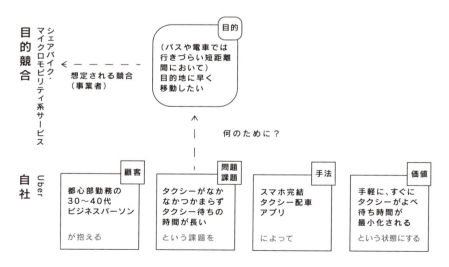

図 7-5　目的競合

UberやJAPAN TAXIが課題とした「タクシーがなかなか捕まらず、待ち時間が長い」の背景には「早く移動して目的地に着きたい（主にバスや電車では行きづらい短中距離移動で）」という目的があり、その手段はタクシー以外にも存在します。自転車や電動キックボードなどのシェアリングサービスなどはわかりやすい例でしょう。

Uberにとっては「タクシーの待ち時間が長い」という問題、そしてタクシーがなかなか捕まらないという課題自体を縮小・削減しうる事業者であるシェアリングサービスは目的競合となるでしょう。

7-6
時間競合

7-6-1　時間を奪い合っている

自社事業とはもっとも距離感が遠い競合が時間競合です。24時間という時間はすべての人に与えられる平等で有限な資産です。

競争環境という観点からは、業界に関係なくすべての事業者が24時間という時間資産を奪い合っています。**自社の事業に触れてくれる、利用してくれる時間を奪う、あるいは縮小しうる事業者**が時間競合です（図7-6）。

Uber、JAPAN TAXIが利用されるのは、タクシーの待ち時間という移動と移動の間に生まれる隙間時間です。隙間時間を埋める事業者は、スマホゲームやスキマ学習アプリなどが該当するでしょう。Uberにとってこれらの事業者は、タクシーの待ち時間というストレスを解消しうる、同じ時間を奪い合う時間競合です。

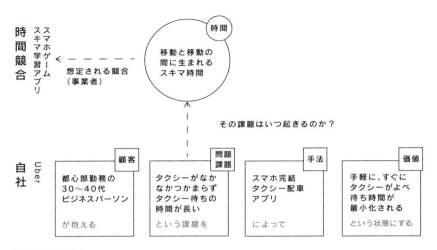

図7-6 時間競合

7-7
コンセプトと4つの競合の関係性

　ここまで述べてきた事例をもとに、4つの階層の競合を1つにまとめると図7-7のようになります。

　下から順に、完全競合、問題競合、目的競合、時間競合となっています。競合と一口にいっても、自社事業との距離感に応じて4つの階層それぞれで競合が存在するのです。

第 7 章 競合をとらえる

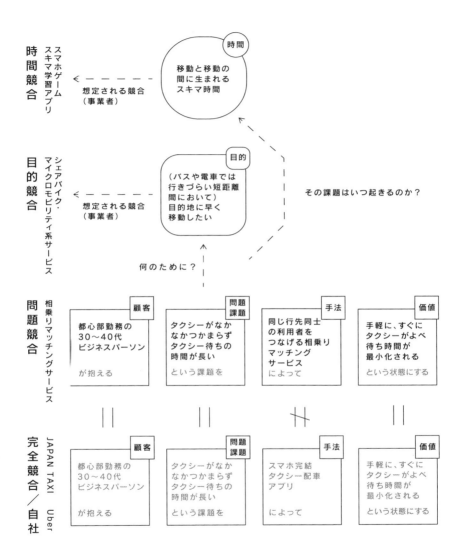

図 7-7　コンセプトと競合の 4 階層の関係性

7-8
事業の新規性の程度に応じて競合は異なる

　4つの階層が存在する競合ですが、検討している事業の新規性によって向き合うべき競合が異なります。事業の新規性は、コンセプトの「顧客」「課題（問題）」「手法」「価値」の4つの要素のうち、どこまでが市場、世の中にすでに存在し、どこからが新しいのかによって、4つのレベルに分解されます（図7-8）。

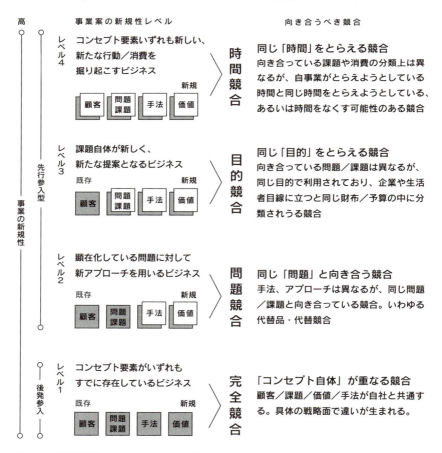

図7-8　事業の新規性レベルと向き合うべき競合

7-8-1 　完全競合と向き合う

　自社事業を表すコンセプトの各要素のいずれもがすでに市場に存在し、市場もすでに形成されており後発参入するような場合（新規性レベル1）は、完全競合と向き合うことになります。

7-8-2 　問題競合と向き合う

　課題、およびその背景にある問題は世の中に顕在化しているが、事業が提供する手法やアプローチが新しい事業の場合（新規性レベル2）は、先行している完全競合は存在しないため、同じ問題とすでに向き合っている問題競合と向き合うことになります。

　たとえばJAPAN TAXIが日本でサービスを開始する前であっても「タクシーがなかなか捕まらないため、待ち時間が長い」という課題はすでに世の中に存在していたはずであり、待ち時間を減らすためには、タクシー会社に電話して配車を頼むといった手段が中心でした。

　そこで、GPS位置情報を駆使したスマホ完結での配車を試みたのがJAPAN TAXIです。既存のさまざまな手段（問題競合）がある中で、新しいアプローチと、生まれる価値に対していかに利用者を振り向かせられるかが焦点となります。

7-8-3 　目的競合と向き合う

　課題／問題自体が世の中に認知されていない、顕在化していないような新規事業の場合（新規性レベル3）、目的競合と向き合うことになります。

　家やスペースを保有するホストと、旅先で宿泊先を求めるゲストをつなげるマッチングプラットフォームを展開するAirbnbは旅行に、新しい課題／問題と価値を提示した事業者です。

　彼らのコンセプトは「belonging」（暮らすように旅する）で、単なる宿泊施設を提供しているのではなく、その土地に根付いて暮らすホストの住居、そ

の土地に住む人との交流、その土地でしかできない体験を提供しています。Airbnb が向き合っている課題／問題は、「現地の文化や風土、体験を旅行者としてではなく、現地の住民の目線まで踏み込んで深く体験したいが、手軽にできる手段がない」というものです。

このような課題は民泊という言葉が浸透し始めている現代であれば理解できますが、Airbnb の日本参入当初は旅行者自身にとっても潜在的な課題であり、Airbnb は旅行に新しい問題提起をした事業者だといえます。

Airbnb の場合、完全競合や問題競合は存在しません。「旅行をする」という目的の階層で重なる旅行代理店や、オンラインでの旅行予約サイトが実質的な競合であり、これらを利用している旅行者に対して、いかに新しい課題と価値を提案して振り向いてもらうかが焦点となります。

7-8-4 時間競合と向き合う

新しい行動・消費を生み出すような新規性が非常に高い新規事業の場合（新規性レベル 4）、時間競合と向き合うことになります。

スキマバイトという言葉と市場をつくり出したタイミーは時間競合と向き合ってきた事業者です。

彼らは、飲食店でのホールやスーパーでのレジ業務などを最短 1 時間から、面接も経ずに好きな時間、場所、職種で働け、仕事が終わったらすぐに働いた分の報酬がもらえるという働き手と事業者のマッチングプラットフォーム事業を展開しています。

1 時間という短い時間に「働く」という選択肢はタイミーが登場する以前はなかったため、完全競合、問題競合、目的競合のいずれも存在しません。しかし、日常で空いた隙間時間を埋めるには、筋トレに行く、ゲームをするなどさまざまな手段があります。

日常での隙間時間に対して「働く」を提案するタイミーにとっては、日常の隙間時間を埋める他の手段からいかにしてスキマバイトという新しい時間の使い方に振り向いてもらうかが大きな焦点となったのではないでしょうか。

7-8-5 競合とコンセプトのつながり

このように競合には自社事業との距離感によって 4 つの階層が存在し、向き合うべき競合は自社事業の新規性の度合いによって変わります。ただし後発参入であったとしても、向き合うべき競合を完全競合ではなく、まだその問題／課題を認識していない顧客に据え、問題競合を向き合うべき競合と据える場合もあるでしょう。

実際は、向き合うべき競合は事業の新規性だけでなく、向き合う顧客や戦略などの要素も考慮したうえで定めるべきものです。とはいえ、**コンセプトの各要素との重複具合から競合を階層的にとらえること、事業の新規性に基づき向き合うべき競合を見出すことは、競合規定における検討の土台としてとても有効**です。

VDS では競合と、「顧客」「課題」「手法」「価値」の 4 要素で構成されるコンセプトは直結する位置にあります。

コンセプトで規定した各要素を眺め、各要素との重複具合から競合の 4 階層を洗い出し、そのうえで自社事業の新規性をとらえ、向き合うべき競合を導き、言語化しましょう（図 7-9）。

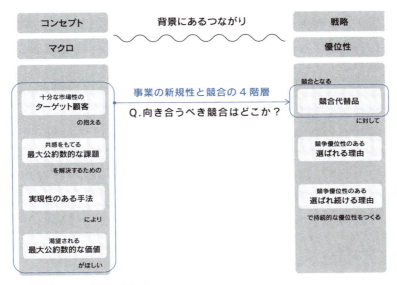

図 7-9　競合とコンセプトのつながり

第3部 戦略を書く

第 8 章
競争環境を把握する

8-1
競争軸とは何か

8-1-1 顧客の目線と事業者の目線からつくられる

　本書における「競争環境」とは、**自社と比較対象となりうる事業者群が、利用者の選択を勝ち取るために繰り広げている競争の状況**を指します。

　そして、「競争環境を把握する」とは、**利用者の選択を勝ち取り、成功を左右する重要な要因（競争軸）を把握し、競合各社の立ち位置と動きをとらえる**ことです。

　競争環境を把握するためには、選ばれるかどうかを分かつ要因である「競争軸」を特定することが必要ですが、競争軸は商材やサービスによって異なります。低価格が何よりも大切なサービスもあれば、信頼が優先される商材もあります。またサポートの手厚さや、規模（ユーザー数）が選ばれるかどうかを分かつ場合もあるでしょう。

　競争軸は、顧客の目線と事業者の目線を通じて構築されます。顧客の目線とは、サービスを選択する際に何を重視するのかという「判断軸」です。

　一方、事業者の目線とは、どこで自社サービスの特徴をつくり、何を打ち出しているのかという「訴求軸」です。

　顧客の目線である判断軸と競合の目線である訴求軸の2つの目線からあぶり出されるものが競争軸です（図8-1）。

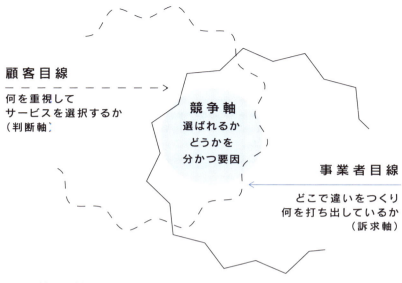

図 8-1 競争軸の構造

8-2
顧客の目線：判断軸

8-2-1 判断軸を3つに分けて考える

　生活者（BtoB事業の場合は企業）が商品やサービスを選ぶ際には必ず何かしらの判断軸があります。判断軸は、手軽さ、価格の安さ、カスタマーサポートの手厚さ、ユーザー規模・実績など、商材によってさまざまな基準があり、1つの商材でも判断軸は複数あります。

　ただし、導入・購入意思決定における影響力という観点からとらえると複数ある**判断軸の重要度には濃淡があり、「決定軸」「要件軸」「非関与軸」という3つに分解**できます（図8-2）。

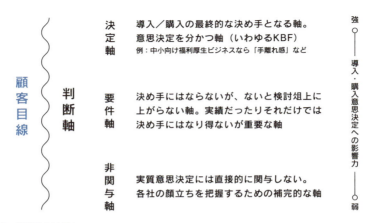

図 8-2　判断軸とは何か

8-2-2　決定軸・要件軸・非関与軸

　決定軸とは、複数ある軸の中で導入・購入の決め手となる軸です。たとえば中堅中小企業向け福利厚生サービスの場合、「手離れ感」は意思決定に直結する軸となることがあります。

　中堅中小企業では福利厚生の選任対応者はおらず、総務や経理など複数の職務を兼任されている場合が多く、「どれだけ事務負荷を増やさずに導入し、価値を享受できるか」が導入判断において最重要視されることがあります。

　要件軸とは、検討候補として俎上に上がるためには必要だが決め手とはなりえない軸です。中堅中小企業向け福利厚生サービスの場合、「品質」や「実績」などが該当することが多いでしょう。

　当然、導入し費用を払う以上、効果が期待できる品質や、すでに導入されているという「実績」は判断にあたっては必ず考慮される軸ではあるもの、品質が高く、実績があれば導入されるかというとそうでもない、あくまで検討の俎上に載せるために必要な軸となります。

　非関与軸とは、事業者の特徴を認識するうえでは機能するものの、顧客目線に立つと関心が薄く、意思決定への影響が生まれない軸を指します。

8-2-3　支配的となる判断軸を見極める

　これらの構造を理解したうえで、判断軸および重要度の濃淡を把握することが競争軸をあぶり出す第一歩となります。当然、同じソリューションであったとしても、どの要素が顧客の意思決定において重要な軸となっているかは、向き合う顧客と課題によって変わります。

　福利厚生サービスの場合、中堅中小企業であれば「手離れ感」が最重要視されるが、大企業になると「実績」がより重要視されるかもしれず、同じ顧客であっても緊急性の高い課題と低い課題とで重要視される要素は変わります。

　規定した顧客、課題を主語に据え、どの要素が導入・購入の意思決定に影響力があるのか、逆にどの要素は影響しないのかを把握する必要があります（図8-3）。

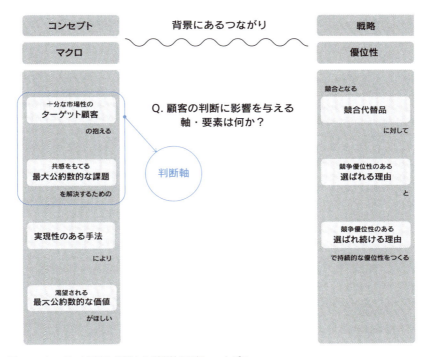

図8-3　ターゲット顧客と課題から判断軸の理解へつなげる

8-3
事業者の目線：訴求軸

8-3-1　訴求軸を3つに分けて考える

　事業者各社の戦い方、違いをどこで生み出しているかという軸が「訴求軸」です。顧客目線と同様に、訴求軸は**事業者間での差異の強弱という観点から**「**独自軸**」「**優劣軸**」「**同質軸**」**の3つに分解**できます（図8-4）。

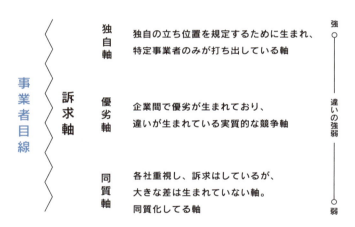

図8-4　訴求軸とは何か

8-3-2　独自軸・優劣軸・同質軸

　メルカリを筆頭に多種多様な事業者が生まれているCtoCフリマビジネスを例に考えてみます。
　独自軸とは、事業者各社が訴求をしていない新たな軸です。2021年に米国ECサイトEtsyに買収された英国初のフリマアプリDepopは同領域で新たな

軸を打ち出していた事業者です。

　Depop の特徴は、Instagram のような画面 UI と、互いの投稿への反応や出品者のフォローといったフリマアプリらしくない SNS のようなコミュニティ的側面にあります。出品数や安心・信頼性、手数料といった軸で各事業者が特徴を打ち出していた中で、人とのつながりという新たな軸を打ち出し、数千万人のユーザー規模まで拡大・浸透しています。このように、特定の事業者のみがもつ独自の切り口として存在している軸が独自軸です。

　優劣軸とは、事業者間で明確に優劣が生まれている軸です。圧倒的な DL 数を誇るメルカリに象徴される「ユーザー数」や「出品数」、あるいは無料から10% の幅で事業者間の開きが生まれている「販売手数料の安さ」などは各事業者で差（優劣）が生まれているため、優劣軸となります。

　同質軸とは、各事業者が特徴や強みとして訴求しているものの、事業者間で優劣がほとんど生まれていない軸を指します。CtoC フリマビジネスでは、「配送料／配送機能の充実性」という軸が該当するでしょう。

　フリマサービス事業者が提供している配送サービスは、ヤマト運輸や日本郵政と連携し提供している場合が多く、各社で明確な優劣が生まれづらく、違いをつくり出す軸とはなりえていない同質軸といえます（一部事業者では、物流サービス会社を子会社化するなどの動きもあり、配送料／配送機能の充実性という軸においても違いを生み出す動きもあります）。

8-3-3　競合から訴求軸を見出す

　顧客目線と同様に、「自社が向き合う競合群が何を打ち出しているか？　どこで違いをつくり出しているか？」といった訴求軸を見出すことが競争環境の把握には欠かせません。VDS における位置づけを見ると図8-5 に示すような形となります。

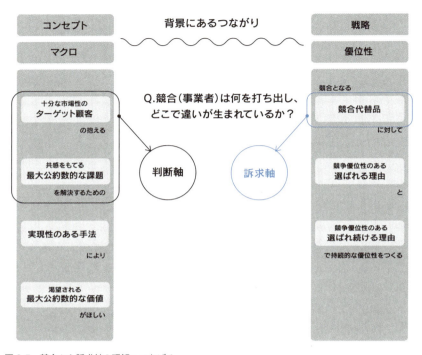

図 8-5　競合から訴求軸の理解へつなげる

8-4
顧客と事業者の2つの目線から競争軸をあぶり出す

8-4-1　9つの組み合わせから考える

　市場で選ばれるか否かを分かつ競争軸をあぶり出すための顧客目線の判断軸と事業者目線の訴求軸は、その重要度や事業者間での差異の強弱によってそれぞれ3つに分けられました。
　両者を合わせると9つの組み合わせが生まれます。安さ、品質、信頼といっ

た軸が、顧客と事業者双方の目線を絡めた際に、どこに位置づけるかが競争軸をあぶり出すことへつながります（図8-6）。

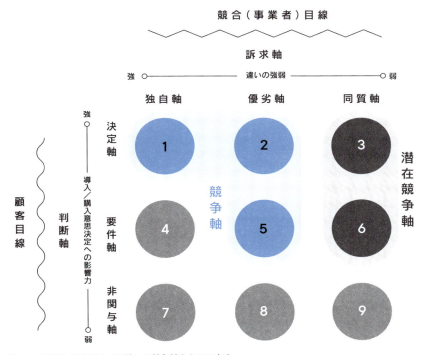

図8-6　顧客と競合双方の目線から競争軸をあぶり出す

8-4-2　競争軸と潜在競争軸を見出す

　9つの組み合わせのうち、事業者の独自軸かつ顧客の決定軸であるもの（図中①）、事業者の優劣軸かつ顧客の決定軸であるもの（図中②）、事業者の優劣軸かつ顧客の要件軸であるもの（図中⑤）が、市場において選ばれるかどうかを分かつ競争軸です。

　これらの軸は顧客の意思決定への影響力をもちながらも、競合各社で差異が生まれており、該当市場において選ばれるかどうかを実質的に左右している該当市場における競争のルールです。

一方で、事業者の同質軸かつ顧客の決定軸と要件軸であるもの（図中③と⑥）は、ブレイクスルーにより違いを生み出せると新たな競争軸となりうる潜在競争軸といえます。

フリマアプリを例にすると、不正が行われていないか、怪しいユーザーはいないか、商品は偽物ではないかといった不安の払拭につながる「信頼性」はサービス選定ではとても重要な軸でしょう。ただ、信頼性は各社パトロール機能やユーザー同士の評価システムの導入などを通じ一定水準を確保しており、優劣が生まれづらい軸ともいえます。

この同質軸を自社の選ばれる理由に引き上げようとしている事業者が完全招待制フリマアプリの ARCIVESTOCK です。誰でも利用できるわけではなく、招待によって加入した利用者しかいないというサービスはこれまでのパトロールや相互評価システムとは異なる次元で信頼性を構築することにつながるでしょう。

「顧客は何を重視し、導入／購入を判断するのか？」「競合となりうる事業者群は何を自社の特徴、強みとして打ち出しているのか？」「双方の観点を重ねた際に、意思決定に影響を与え、かつ各社で優劣が生まれている軸は何か？」といった問いを立てて各社の立ち位置と動きを可視化することによって、競争軸をあぶり出す、これが競争環境を把握するということです。

8-5
競争環境を可視化する

8-5-1　戦略キャンバスとは何か

競争環境を把握するための可視化表現はさまざまなものがありますが、顧客と事業者の目線、現状の優劣を可視化するうえでは戦略キャンバスの活用が有効です（図8-7）。

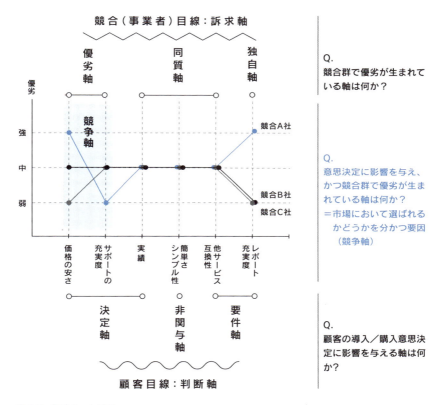

図8-7　戦略キャンバス

競争環境の把握には大きく分けて3つのステップが必要です。
①顧客にとっての判断軸とその特性の把握
②事業者間で違いが生まれる差別化軸とその優劣の把握
③判断軸、訴求軸を突き合わせたうえでの競争軸の把握

①は、顧客が商材を選ぶ際に見ている、重視している軸を把握することです。想定顧客へのヒアリングや、ホワイトペーパー、マーケット調査などが有効でしょう。商材を選ぶ際何が決め手か、どういう軸で商品選定をしているかといった投げかけを通じて、顧客が商材を見る際の軸と、その影響度の強弱について

把握します。

②は事業者群のリリース情報やWEBサイト、広告などから類推できます。WEBサイトのファーストビューに何を打ち出しているか、自社の特徴をどのように紹介しているか、広告バナーにはどのような文言が書かれているか、などから競合各社が何を打ち出し、何を強みとして据えようとしているかがわかります。

さらに、手数料の安さであれば、具体的に何パーセントか、ユーザー規模はどの程度か、信頼性はどのような機能やサービスからつくり出しているか、どこまで手厚くサポートしているかといった具体機能までふみ込むことで事業者間での優劣が明らかになるでしょう。

また、直近のリリースを追いかけ、どの強みを強化するための動きを加速させようとしているのか、といった観点で競合の動きを把握することもできます。

①と②を経たうえで③で総合的に顧客の意思決定に大きな影響を与えつつ同時に事業者間で優劣が生まれている、あるいは生まれうる軸として、競争軸を把握するのです。

8-5-2　競争環境を正しく知ることが優位性につながる

自社の戦略を規定するうえで、競争環境とはまさに戦場であり、戦場の状況をつかむことはとても重要な工程です。戦場のことを知らなければ戦略は描けません。

競争環境の正しい可視化を通じて、チームの共通認識をつくり出すことが、この後に向き合う戦略領域を支える土台となります。VDSにおける位置づけを確認すると、図8-8のようになります。

第 8 章 競争環境を把握する

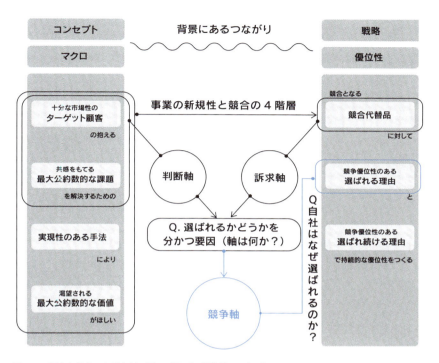

図 8-8 顧客と競合から競争軸が浮かび上がり優位性につながる

第3部　戦略を書く

第9章
優位性を見出す

9-1
優位性とは何か

9-1-1　顧客に選ばれる理由、選ばれ続ける理由

　社内で新事業を進めていく際の上申の場では、「この事業の競争優位性は？」「後発企業の参入リスクは？　参入障壁は築けるのか？」「なぜその事業は勝てるのか？　勝ち続けられるのか？」といった優位性や、実現性に関する問いへの回答が求められます。

　優位性とは比較対象となりうる他社よりも優れている要素、いい方を変えれば、顧客から選ばれる理由と表現できます。しかし、テクノロジーの発展とともに業界の垣根が崩壊し、競合とすべき事業者は広がり続けています。

　新市場を切り拓いたとしても、後発参入のスピードも速くなる中、顧客に選ばれるだけではなく、事業として存続し続けられる持続性がより重視される時代となりました。優位性には、持続性の観点も不可欠なのです。

　したがって本書では、優位性を「顧客に選ばれる理由、選ばれ続ける理由」と定義します。**顧客から選ばれる理由を「フック」、顧客に選ばれ続ける理由を「ロック」**とよび、これら2つの要素により優位性は構成されるものであるととらえています（図9-1）。

図9-1　フックとロック

9-2
選ばれる理由：フックを規定する

9-2-1　なぜ選ばれるのか

　フックとは、競合や代替品を利用している生活者が、自社のサービスを使い始める理由です。「なぜ自らのアイデアは想定顧客を振り向かせることができるのか？」という問いに対する回答です。
　事業構想の現場でもポジショニングマップを用いて競合と比べ、自社がどう違うのか、なぜ選ばれるのかを規定・可視化していることが多いため、フックの規定は比較的イメージもしやすく、取り組まれている方も多いでしょう。

9-2-2　フックの2つの失敗パターン

　一方で、自社のフックを適切に設定できていない2つの失敗パターンがあります（図9-2）。1つは「顧客放置型」です。自社が選ばれる理由は前提として、顧客がその商材を選ぶ際の判断軸のうえで規定されるべきものです。顧客の目

第 3 部　戦略を書く

線を忘れ、自社の都合のよいように違いが生まれる軸をつくり、自社が選ばれる理由を規定しても、それは選ばれる理由とはなりえないでしょう。

もう 1 つは「夢想型」です。こちらは実現性に乏しい、夢物語とも表現できるようなフックです。東京から大阪まで 10 秒で、しかも新幹線と変わらない価格で移動できるようなソリューションが生まれれば、誰もが利用するでしょう。

しかし現代の技術ではこのフックの実現は不可能です。少し突飛な例でしたが、フックの規定は顧客にとっての判断軸の上にありつつ、一方で自社や他社アセットを組み合わせることで構築できる、という実現性のうえで成り立つべきものです。

優位性の検討において重視すべきは「どう勝つのか？」ではなく、実現性も織り込まれた**「なぜ勝てるのか？」**です。

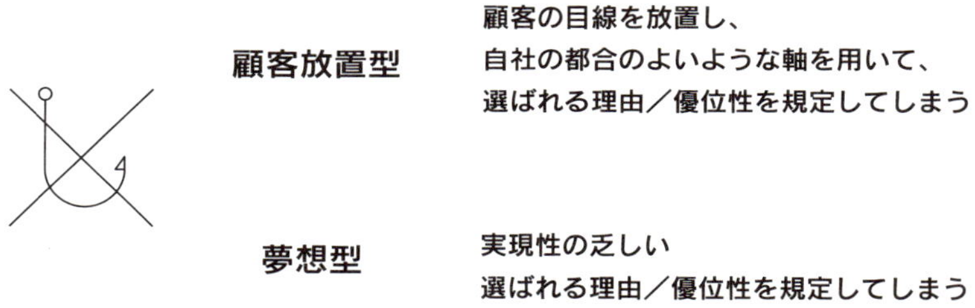

顧客放置型　顧客の目線を放置し、
自社の都合のよいような軸を用いて、
選ばれる理由／優位性を規定してしまう

夢想型　実現性の乏しい
選ばれる理由／優位性を規定してしまう

図 9-2　不適切なフック

9-3
フックの規定に有効な優位性ツリー

9-3-1　顧客、競合、自社の目線をつなげる

フックを描くうえで何より重要なことは、フックとは、**顧客の目線と事業**

者の目線を通じて構築される「競争軸」と、自社や他社アセットの観点から検討されるべき実現性の板挟みの中で規定されるという構造を理解することです。

顧客、競合、自社（パートナーを含む）の狭間で、自社ならではの戦い方、実現性を伴ったフックを規定する際に有効なフレームワークとして「優位性ツリー」を紹介します（図9-3）。

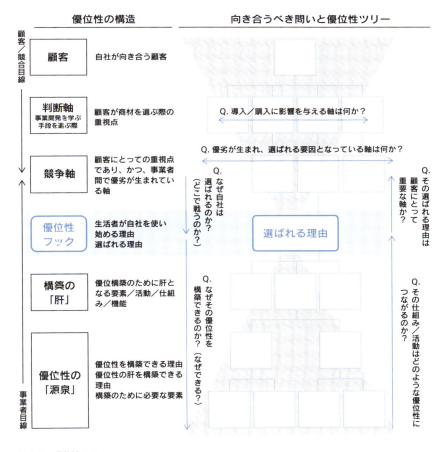

図9-3　優位性ツリー

第3部　戦略を書く

9-3-2　優位性ツリーの構造

　優位性ツリーは大きく上段と下段に分かれ、顧客・競合と自社の目線をつなげることにより「実現性を伴った選ばれる理由」と向き合い続けることができます。

　上段は顧客の判断軸と、競合側が打ち出す訴求軸の重なりによって生まれる競争軸をふまえ、自社はどこで突き抜けることで、選ばれる状態となるのかを検討します。

　下段は、自社アセットやパートナーアセットを活用し、自社が「なぜ実現できるのか？」と向き合います。選ばれる理由を起点に優位性の「構築の肝」、「優位性の源泉」に分かれます。「優位性の源泉」はさらにまたいくつにも分かれる階層的な構造となっています。各要素の位置づけを、具体的な例で説明します。

9-4
構築の「肝」と優位性の「源泉」

9-4-1　飲食店が選ばれる理由を考える

　ビジネスパーソン向けのランチ営業が中心の飲食店があるとします。向き合う顧客は、あるオフィス街で働くビジネスパーソンです。飲食店を選ぶうえでの判断軸として、「味」「安さ」「立地」「速さ（すぐ食べられてすぐ出られる）」の4つの要素が調査から明らかになったとしましょう。

　競争環境の観点でとらえると、「立地」は駅周辺500mという近距離内に飲食店が集中しており、飲食店間で駅からの距離という立地面では違いが生まれづらいエリアです。

　したがって「安さ」「速さ」「味」の3つの要素で飲食店間の優劣が生まれ

142

ており、これらが選ばれるかどうかを分かつ競争軸となります。ここでは、「圧倒的な速さ」を選ばれる理由として据えた飲食店をイメージしてみます（図9-4）。

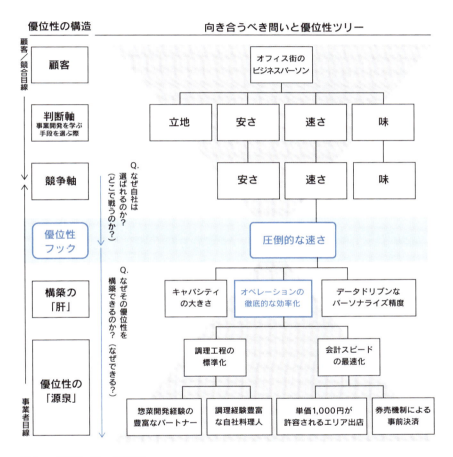

図9-4 優位性ツリーの記載例

第3部　戦略を書く

9-4-2　優位性を構築するための肝

　優位性ツリーの下段では、「圧倒的な速さ」はなぜ実現できるのかと向き合います。飲食店において「速さ」を実現するアプローチは1つではありません。

　徹底的にオペレーションを効率化する、店舗規模・席数・スタッフ人員を増やして受け入れられるキャパシティを広げる、といったことなどが考えられます。あるいは、来店客の好みを把握し、注文せずとも好みの料理が届くなどデータドリブンな仕組み、パーソナライズによって「速さ」を実現できるかもしれません。

　このように、**選ばれる理由であるフックを実現するための切り口は1つではなく、複数存在**します。その中での自社の選択が「優位性を構築するための肝」となります。

9-4-3　優位性の源泉

　構築の「肝」の配下には優位性の「源泉」があります。フックを実現する肝をおさえる、構築できる具体的なアセット、活動のことです。先の例で「人的オペレーションの徹底的な効率化」を優位性を構築するための肝として据えたとすると、「人的オペレーションの徹底的な効率化はなぜ実現できるのか？」と向き合うエリアともいえます。

　圧倒的な速さを実現するには、注文までの時間、提供までの時間、会計までの時間などそれぞれにおいて速さを高められる理由が必要となるでしょう。注文までの時間であればランチメニューは1品だけにする、提供までの時間であれば調理工程を標準化する、会計までの時間であれば商品単価を釣銭が出づらい1,000円に設定するなどが考えられます。

　優位性の源泉は「なぜ実現できるのか？」という問いを深掘りしていく階層的な構造になっています。たとえば以下のような要領です。「商品単価を1,000円に設定すると会計時間を短縮できる。ではなぜ、商品単価を1,000円に設定できるのか。それは想定出店エリアである丸の内で働くビジネスパーソンのランチ平均額は1,000円を超えていて受け入れられる価格だからである。ではな

144

ぜ、丸の内に出店できるのか。それは丸の内の不動産業者とつながりがあるからである。」

このように優位性の構築の肝が、なぜ実現できるのかを「なぜ」という問いによって深掘りし続けることで、自社やパートナーのアセットである優位性の源泉」へとつなげていけます。

9-4-4　優位性ツリーを用いてフックを規定する2つのパターン

優位性ツリーを用いたフックを規定する方法には、顧客・市場を起点に進める「顧客起点アプローチ」と、自社ができることを起点に進める「アセット起点アプローチ」の2つがあります（図9-5）。

顧客起点アプローチは優位性ツリーの上段から下段へと落とし込みます。なぜ自社は選ばれるのか、なぜその優位性は構築できるのかというように「なぜ」と問いを重ねて、実現性を伴った選ばれる理由と向き合います。

アセット起点アプローチは、自社ならではのアセットやパートナーアセットを組み合わせ、自社が実現できるフックを規定し、市場で発生している競争軸と付き合わせ、顧客が重視する点や競争環境とずれがないかを検討します。

「つまり顧客の判断軸の中におけるどのフックを実現できるのか、つまりどのように選ばれるのか」というように「つまり」を問いとして顧客の判断軸へ迫ります。

顧客起点アプローチは最終的には自社のアセットへ、アセット起点アプローチは最終的には顧客にとって意味のある判断軸へと迫っていくものです。

2つの失敗パターンとしてお伝えした「顧客放置型」や「夢想型」のフックとならないよう、整合性と実現性を伴った優位性（フック）の規定をめざしましょう。

第3部 戦略を書く

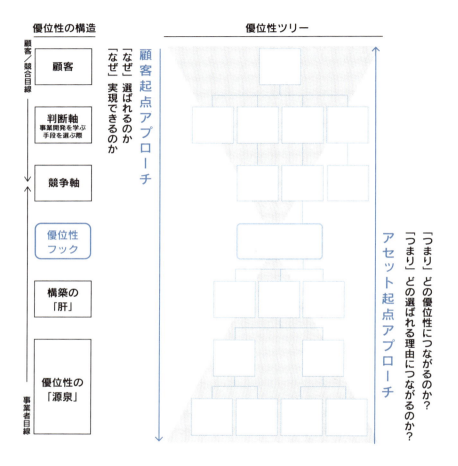

図9-5 フックを規定する2つのアプローチ

9-4-5　VDSにおけるフックの位置づけ

VDSでは、ここまで説明をしてきた内容、要素間のつながりが落とし込まれています（図9-6）。

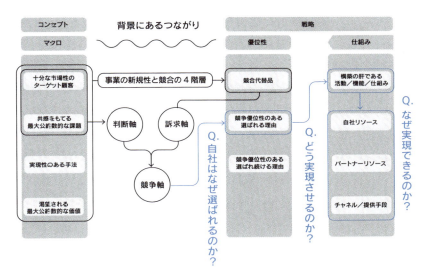

図9-6　コンセプトから優位性、仕組みへつなげる

　コンセプトからつながる競合、そして競合と顧客から生まれる競争環境の中で導くフック、さらに優位性ツリーの構造の通り、優位性を構築する切り口である「肝」、肝を実現できる理由となる「源泉」がつながる構造がVDSにおける戦略と仕組みです。
　コンセプトを起点とした顧客と競合から生まれる競争環境の中で、実現性を伴った選ばれる理由である「フック」の言語化と向き合いましょう。

第3部　戦略を書く

9-5
選ばれ続ける理由：ロックを規定する

9-5-1　なぜ顧客は離れないのか

　不確実な現代の事業構想においては、事業の持続性は避けては通れない、必ず向き合うべき観点です。ロックとは、**自社が選ばれる理由であるフックを通じて振り向かせることができた顧客を、後発企業の参入やさまざまな競合事業者の進化の中でも離さない、自社が選ばれ続ける理由**のことです。

　「なぜ自分たちの事業は選ばれ続けられるのか？　生き残り続けられるのか？」という問いへの回答ともいえるでしょう。自社の顧客を離さない、鍵を掛けるという意味を込めてロックと表現します。

9-5-2　ロックの2つのアプローチ

　事業の持続性と向き合うロックに大きく2つのアプローチがあります（図9-7）。

　誰をロックするのかという観点から、「顧客のロック」と「競合／後発企業のロック」があります。

　顧客のロックとは自社を選んでくれた顧客が離れない理由をつくり出すアプローチです。

　競合／後発企業のロックとは、比較対象となる競合群や新規参入企業に対して参入障壁を築くことで、自社が選ばれ続ける状態をつくり出すアプローチです。

148

ロック

選ばれ続ける理由

顧客をロックする

自社を選んでくれた顧客を離さない。離れない理由をつくり出すことで事業に持続性をつくり出す

競合／後発をロックする

競合／後発参入が動かない、模倣させない。自社しかない状態をつくり出し結果として顧客に選ばれ続ける状態をつくり出す

図 9-7　選ばれ続ける理由「ロック」構築の 2 つのアプローチ

9-5-3　顧客をロックする

　顧客のロックはさらに、「離れられない状態をつくり出す」と「離れたくない状態をつくり出す」に分けられます (図9-8)。

離れられない状態をつくり出す

　離れられない状態とは、顧客が他サービスへ移行する障壁、いわゆるスイッチングハードルを高めるパターンです。利用すればするほどデータが蓄積し、利用者好みになっていくパーソナライズなどはまさにスイッチングハードルを高めていく代表例です。

　あるいは、データを始めとした資産がサービスに溜まっているからという状態も離れられない理由となります。家計簿アプリなどは数か月、数年前からの家計データが蓄積されていきます。使用経歴が資産として蓄積し、履歴としてさかのぼれる状態は、顧客にとっての離れられない状態となるでしょう。

離れたくない状態をつくり出す

離れたくない状態とは感情的な側面から顧客をロックするパターンです。サービスや世界観に愛着をもってもらうようにしたり、顧客とサービスの関係性を温かみのあるものにしてロイヤリティを高め、離れたくない状態をつくり出します。昨今、卸や小売、あるいは広告会社やメディアを挟まずメーカーと消費者が直接つながる DtoC というビジネスモデルが台頭しました。

DtoC のメリットは、消費者の反応や嗜好をメーカーがより高い解像度でつかめるとともに、メーカーの想いやブランドの世界観も消費者へ直接伝えられる点にあるといわれています。

ブランドやサービスの世界観を利用者とメーカーがともにつくり出すことで一層、ブランドや商品への愛情とロイヤリティを育むので、離れたくない状態をつくり出すパターンと相性がよいといえるでしょう。

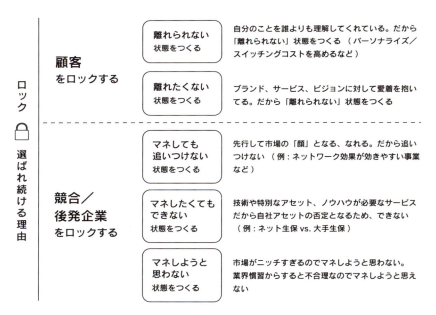

図 9-8　選ばれ続ける理由のパターン

第 9 章 優位性を見出す

9-5-4 競合／後発企業をロックする

ロックのもう 1 つのアプローチである競合のロックは、「マネしても追いつけない」「マネしたくてもできない」「マネしようと思わない」という 3 つのパターンに分解されます。

マネしても追いつけない

マネしても追いつけないとは、先行者優位の獲得を通じてロックを実現するパターンです。

初期に大きなマーケティング投資を行うことで一気に認知を取り、フリマといえばメルカリのようにカテゴリの代表的地位を確保したり、生活者の位置情報データを取得できる仕組みを早期に構築し、後発では追いつけないデータ量を確保するなどが挙げられます。

マネしたくてもできない

マネしたくてもできないとは、競合や後発企業がマネできない理由をつくり出すことでロックするパターンです。自社独自のアセットや技術が源泉となっていたり、想定される後発のアセットを否定するような方法が該当します。

ネット生保は、従来の大手生命保険会社に対して圧倒的な安さを実現することで、これまで生命保険を利用していなかった若年層や、大手生命保険会社を利用しているが保険料の負担に問題意識をもつ層を振り向かせることに成功しました。彼らが生命保険料を従来価格よりも大幅に安く提供できている理由は、営業チャネルとしてインターネットを活用したことによる人件費コストの大幅な削減にあります。

従来の大手生命保険会社にとっての営業チャネルは企業や個人に対面販売を行う保険外交員とよばれる方々です。大手生命保険会社にとっては保険外交員の存在は売上に直結する貴重な人材資産であり、多大な時間と投資を通じて、全国に網の目のように張り巡らされた大規模なネットワークを構築してきました。

ネット生保のインターネットを活用した営業人員不在の販売方法は大手生

151

保の目線に立つと自社のアセットを否定する「マネしたくてもできない」状態となっています。

そもそもマネしようと思わない

そもそもマネしようと思わないロックとは、現在の市場が小さすぎるので想定される競合は参入してこなかったり、業界からすると一見非合理な方法を採用している場合などが該当します。

非合理を採用しているケースとして、マッチングアプリを例に挙げてみます。異性の出会いを生み出すマッチングアプリは 2010 年代以降、Omiai やPairs、Tinder などいくつもの事業者が参入し、競争が激化している業界の 1つです。

マッチングアプリにおけるユーザーの期待は、好みのパートナー、相性のよいパートナーと出会えるかどうかであり、出会える割合を表す「マッチング率」は選ばれるサービスとなれるかどうかを左右する非常に重要な指標です。

人の好みは多種多様なので、どれだけ多くの人が使っているかという利用ユーザー数が、マッチング率を高める鍵となります。そのため、各事業者は積極的な CM 展開、利用料の引き下げ、パトロールなどを通じた安心感の醸成などの工夫によって、より多くのユーザーの獲得をめざし熾烈な競争をしています。

このような環境下で近年、たとえば 30 代以上専用といったように新たな切り口で参入している事業者が存在します。規模が重要なビジネスにもかかわらず「○○専用」というあえて門戸を狭めるアプローチは、一見非合理に見えます。門戸を広げ規模の獲得を通じて出会える率を高めている大手事業者の目線から眺めると、そもそもマネしようと思わないのではないでしょうか。

一方、「○○専用」というアプローチを取る事業者の目線に立つと、「○○専用」という顔立ちをもつことで、特定のユーザー層の密度が高まり、マッチング率の向上につながるのです。

大手事業者や後発参入をもくろむ事業者からすると、市場が小さすぎる場合や一見非合理だがビジネスとして成立しうるようなアプローチは、「そもそもマネしようと思わない」状態の創出であり、ロックのパターンの 1 つです。

第 9 章　優位性を見出す

このようにロックの構築にはさまざまなアプローチがあり、いずれか 1 つを追求することもあれば、いくつかを織り交ぜることもあるでしょう。顧客のロックが、結果として競合のロックにつながることもありえます。

フックと同様、あるいはそれ以上に「なぜ自分たちの事業案が不確実性の高い現代でも選ばれ続けるのか？　持続性を保てるのか？」という問いと向き合い言語化していきましょう。

9-6
ロックは時間軸で考える

9-6-1　持続サイクル図

ロックの規定には、事業を一時の点ではなく時間軸を織り込んだ線としてとらえる必要があります。「事業はどのようにしてより強固なものへと進化し、持続性を構築していくのか？」がロックを規定するうえで向き合う問いです。Amazon 創業前にジェフ・ベゾスが紙ナプキンに描いたといわれている持続サイクル図がそのことを端的に示しています（図9-9）。

インターネットで手軽に本を購入できるという顧客体験を通じて、訪問者を増やせば、売れる確率が上がるので出品者も増える。出品者が増えれば、訪問者にとっては本の選択肢が増え、顧客体験に還元されていく。

このようなサイクルを土台に事業規模を拡大することで、商品単位あたりの配送費や仕入れ値、宣伝費などの支出が圧縮され、低コスト構造をつくり出せる。すると、より低価格で本を販売でき、顧客体験に還元され、訪問者は増え続ける。

時間軸の中で事業がどのような仕組みで強化され、持続性を確立していくのかを言語化・可視化した図といえるでしょう。このようなサイクル表現は昨今、新規上場企業の IR 資料にも多く見られます。

事業が時間軸とともにどのように強化され、結果としてなぜユーザーや競合・後発へのロックを生み出し、選ばれ続けられるのかが重視されている証左といえるでしょう。

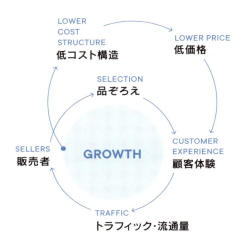

図9-9　Amazonの持続サイクル図
(出典：https://www.amazon.jobs/jp/landing_pages/about-amazon（現在はリンク切れ。原図をもとに筆者作成))

9-6-2　ロックと向き合うための3つの問い

　自社のロックを規定するためには、3つの問いと向き合います。
　「事業活動を通じて新たに自社に蓄積されていくものは何か？」「自社事業の何が強化されていくのか？」「結果としてどのようなロックを構築できるのか？」です（図9-10）。

第 9 章　優位性を見出す

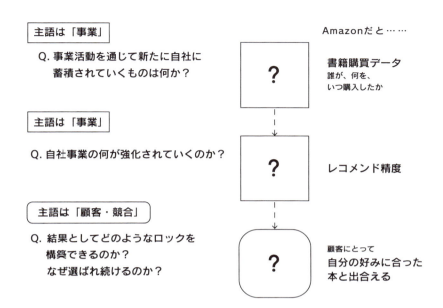

図9-10　ロックと向き合うための3つの問い

事業活動を通じて新たに自社に蓄積されていくものは何か？

どのような事業であれ、世に出し、事業活動を継続していく中で新たに獲得、あるいは蓄積されていく資産があるものです。新たなデータや新たな顧客層・パートナーとの接点、関係性、あるいはオペレーションの習熟などさまざまなものがあるでしょう。

事業活動を通じて蓄積されていくものに向き合う問いが1つ目です。

自社事業の何が強化されていくのか？

2つ目の問いは、「（蓄積されたものを通じて）自社事業の何が強化されるのか？」です。データやオペレーションの習熟といった新たに蓄積されたものは当然、蓄積されるだけでは意味がなく、事業活動の何かに活かされる必要があります。

先のAmazonの例では出品者が増え規模拡大により、規模の経済性が働き、

低コスト構造へ至るという流れがありました。顧客の購買データを蓄積できれ
ばレコメンドの精度が強化され、書店や出版社、著者とのつながりが蓄積され
れば書籍情報が充実していくというつながりも描けるかもしれません。

　蓄積されたものが事業の何を強化するのかに向き合う問いが2つ目です。

結果としてどのようなロックを構築できるのか？

　上記2つの問いの主語は「自分たちの事業」ですが、3つ目の問いの主語は
「利用者や競合」です。自社事業が強化された結果、利用者や競合にとってど
のようなロックをつくり出すことにつなげられうるのかということと向き合い
ましょう。

　Amazonの例では、低コスト構造は低価格での販売につながり、安くスト
レスフリーで求めている本が買えるという顧客体験に還元されていく、という
循環でした。

　強化されるものをレコメンドの精度に据えると、好みを理解し、求める本と
出合わせてくれる顧客体験につながっていくでしょう。

　こうした問いによって事業が選ばれ続ける理由であるロック、そしてロック
をつくり出すためのサイクルと向き合うのです。

9-7
VDSにおけるロックの位置づけ

　ロックの規定は正解のない、ある種の妄想とデザインが必要な領域ですが、
「なぜあなたの事業は選ばれ続けられるのか？」は、事業構想では避けては通
れない、非常に重要な論点となります。競合優位性における持続性観点である
ロック、そしてロック規定における3つの問いはそのままVDSに織り込まれ
ています（図9-11）。

　コンセプトから仕組みまでに至る事業の全体像を通じて、蓄積されるものが
あり、強化されるものへつながり、最終的に優位性におけるロックへつながっ

ていきます。

　シンプルな3つの要素ではあるものの、言語化にあたっては深い思考が必要であり、要素の精錬が必要です。自らの事業案における持続性と向き合い、言語化をしていきましょう。

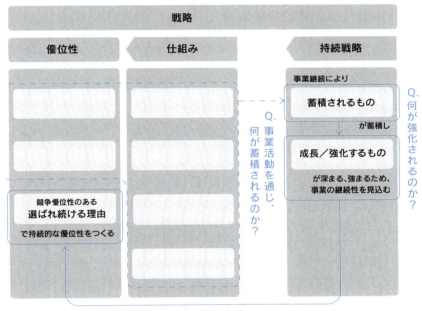

図9-11　事業活動からロックへつなげる

第3部 まとめ

「顧客」「課題」「手法」「価値」とその新規性に応じて向き合うべき「競合」が規定され、市場で選ばれるかどうかを分かつ軸（競争軸）の中で、自社が選ばれる理由と選ばれ続ける理由があり、選ばれる理由を実現するための肝が自社と他社のアセットへとつながり、実

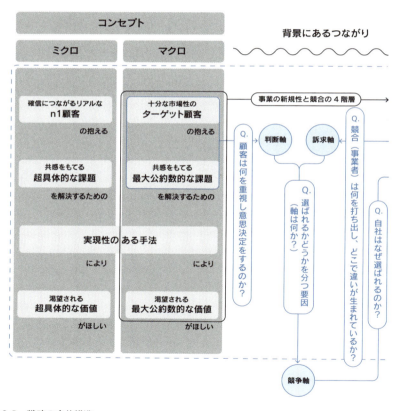

図 3-C　戦略の全体構造

現性と向き合います。そして、事業活動を通じて蓄積されるものを活かし、選ばれ続ける理由へとつなげていきます。顧客と向き合うコンセプト、競争環境と向き合う戦略、実現性を支える仕組みは分断されることではなく、ひとつながりに描かれるべきものです。これこそが選ばれる理由、選ばれ続ける理由のストーリーなのです。

顧客、競合、自社の3つの観点が重なる実現性を伴った優位性を言語化しましょう（図3-C）。

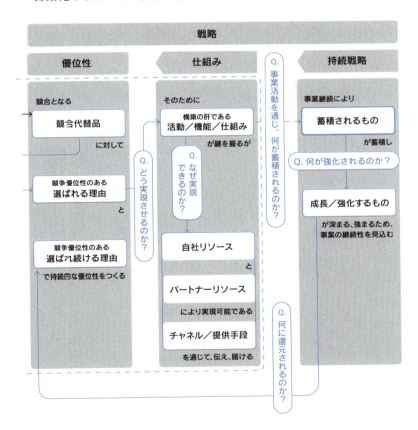

第4部
利益モデルを書く

　利益モデルは、コンセプトや戦略の各要素との関連性を多くもつ、事業構想の1つの結論ともいえる領域です（図4-A）。

　顧客に求められ、かつ実現性を伴う優位性を備えた事業だとしても、黒字化し利益獲得が見込めなければ持続的なビジネスとはなりえません。

　顧客、競合、自社の観点に加えて「事業」の観点から、事業活動を行うための「コスト」（インプット）に対してそれを上回る「売上」（アウトプット）を生み出せるかどうか、収支のバランスである収益性と向き合います（図4-B）。

　第4部では利益モデルの構成要素として収益性における4つのエコノミクス、コスト構造、そして収益モデルについて解説します。

| 戦略 | | 利益モデル |
| 仕組み | 持続戦略 | |

事業活動の中における

回収エンジン

を源泉に

料金モデル

により収入をつくる

コスト／コスト構造

という特性をもつ中で

採算成立

の算段がついている

図 4-A　利益モデルの全体構造

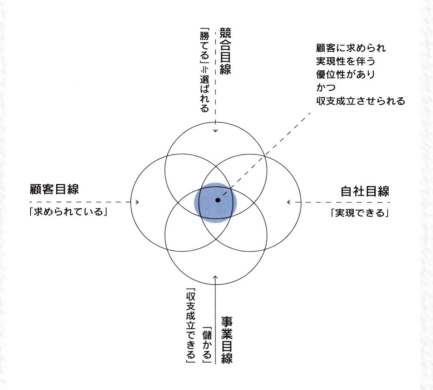

図 4-B　利益モデルの位置づけ

第4部　利益モデルを書く

第10章
収益性と向き合う

10-1
収益性とは何か

　利益モデルを通じて向き合う収益性とは、**「利益が出るかどうか」「収支の
つり合い」であり、事業を行うための「コスト（インプット）」を上回る「売
上（アウトプット）」を生み出せるかどうかの収支バランス**を指します。

10-1-1　売上とコストの構成要素

　売上とコストはそれぞれ複数の構成要素に分解されます（図10-1）。売上は
どのような事業であれ「単価」と「客数」と「時間／期間」の3つの変数の積
により生み出されます。「いくらで」「何人（何社）」が「どの程度の期間」購入・
利用してくれるのかとも表現できるでしょう。
　コストは売上の構成要素に紐づくように4つに分解できます。

価値提供コスト

　価値提供コストとは、顧客に対して価値提供を行うごとに発生し、一回の
取引ごとに発生する性質をもつコストです。財務・管理会計的区分を用いると、
変動費性質をもつ売上原価費目、変動費性質をもつ販売費の一部が該当します。
ハードウェア系事業であれば一個あたり製造原価や、一個あたりの配送費用等
が該当します。デジタル完結の事業であっても、たとえばスタイリストが利用
者の好みを理解し、ファッションコーディネートの提案を行うような事業であ
れば、スタイリストに対しての委託費が価値提供コストに該当するでしょう。

164

第 10 章　収益性と向き合う

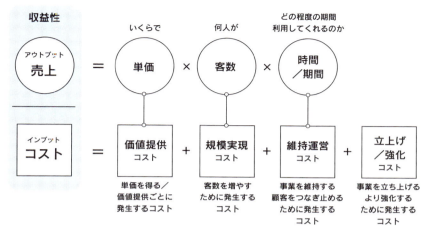

図 10-1　売上とコストの構成要素

規模実現コスト

　規模実現コストとは、顧客を獲得するためにかかるもので、広告宣伝費や販促活動費が該当します。

維持運営コスト

　維持運営コストとは事業活動、あるいは顧客との関係性を継続的なものにするためにかかるコストです。財務・管理会計的区分では家賃、管理費等の一般管理費に該当する費目と、通信・光熱費やCS人員なども含めた直接労務費等のうち、固定費性質をもつ原価が該当します。

立上げ／強化コスト

　立上げ／強化コストとは、言葉の通り事業を立ち上げるためや、機能追加等を通じて提供する価値をより強化していくためにかかるコストです。開発投資額やエンハンス開発を担うエンジニア人件費などが該当します。

第4部　利益モデルを書く

10-1-2　コストの特性

　4つのコストのうち、立上げ／強化コストは一時的、あるいは断続的に発生します。他の3つのコストはいずれも事業活動の継続や拡大を通じて肥大しますが、その増え方には特性があります。

　価値提供コストは、一回の価値を提供し、単価分の売上を獲得するたびに発生するため、「取引ごとに」積み上がります。

　規模実現コストは、利用者、客数を増やそうとすればするほど積み上がっていくので、時間ではなく「規模」に連動します。

　維持運営コストは、事業活動や顧客との関係性を維持・継続することにより積み上がるので規模ではなく、「時間」に連動します。

コストの4分類と意味合い		（財務／管理）会計上費目との関係性		コストの特性
価値提供コスト	1回の取引、1回の価値提供1回の単価獲得を実現するために発生するコスト	変動費系原価	直接材料費、外注費、販売手数料、サーバー費 etc.	価値提供／取引ごとに増えていく
		変動費系販売費	包装紙代、物流費 etc.	
規模実現コスト	ユーザー数、顧客数を拡大するためにかかるコスト	変動費系販売費	広告宣伝費、その他顧客獲得関連費用全般	規模拡大で増えていく
維持運営コスト	事業を維持運営するためにかかるコスト	一般管理費全般	人件費、賃料、管理費用 etc.	時間軸で積み上がる
		固定費系原価	直接労務費、通信費、光熱費、CS 費用	
立上げ／強化コスト	事業立上げ、追加機能開発等の価値強化にかかるコスト／投資	投資／開発経費	研究開発費 etc.	初期に、断続的に発生する

図 10-2　コストの4分類（財務／管理会計上費目との関係性）

コストは、これら4つの増え方の特性の異なるコストに分解されるのです（図10-2）。

一方、売上は1回の取引ごとに得られる「単価」を引き上げること、利用してくれる「顧客の数」を増やすこと、顧客が利用し続けてくれる「時間」を増やすことの3つの要素が売上を肥大化させる要素であり、売上をつくり、拡大させていくためのレバーとなります。

収益性とはつまり、**増え方の特性が異なる4つのコストと3つのレバーによってつくり上げられる売上のバランスをいかにつくり上げるか**ということです（図10-3）。

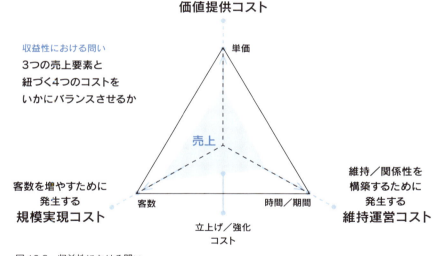

図10-3　収益性における問い

10-2
収益性の4階層

10-2-1 ミクロからマクロの階層で分ける

　収益性と聞くと単体黒字や累損解消といった言葉が思い浮かびますが、これらは事業の収益性を大きな塊でとらえており、マクロの階層に位置づけられるものです。事業の収益性には、小さな収支のバランスであるミクロの階層も存在するのです。

　どのコストをどの売上レバーでバランスさせるのかという観点から収益性には4つの階層があります。売上とコストのつり合いを表すエコノミクスという言葉を用いた4つのエコノミクスを紹介します（図10-4）。

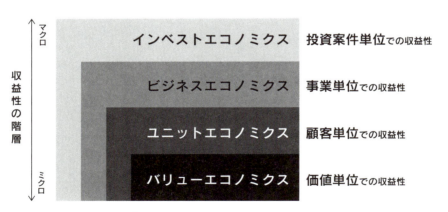

図10-4　エコノミクスの4階層

10-3
バリューエコノミクス

10-3-1 価値単位の収益性

　バリューエコノミクスは**もっともミクロな単位で収支バランスと向き合う階層であり、言葉の通り価値単位での収益性**を指します（図10-5）。向き合うのは「価値提供コスト」と「単価」のバランスです。

　財務・管理会計的な表現を用いると、取引あたりの売上（単価）と、取引ごとに発生するコスト（変動費原価、販管費内の一部変動費費目）の差分となるため、単位あたり限界利益とも表現できます。

　収益性という言葉からは、単体黒字や累積損失という言葉を連想しがちです

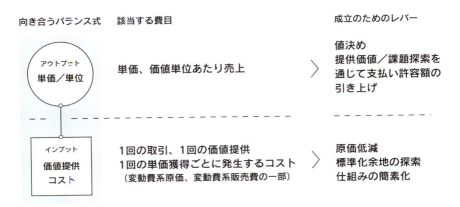

図10-5　価値単位の収益性：バリューエコノミクス

が、そもそもバリューエコノミクスの階層でバランスが取れていないと、どれだけ規模を拡大しようと、どれだけ時間が経過しようと採算成立は不可能です。

10-3-2　バリューエコノミクスの具体例

　利用者が月1,000円を払い、毎日の食事の写真をアプリに登録・送信することで、週に一度、一週間の食事内容に対して管理栄養士からフィードバックをもらえ、食事改善に活かせるような事業をイメージしてみましょう（図10-6）。

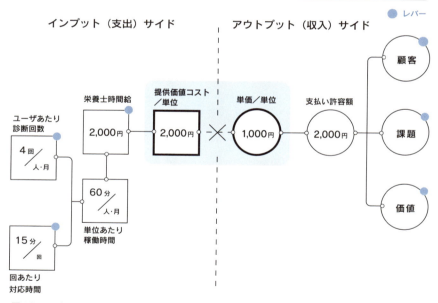

図10-6　バリューエコノミクスの検討例

第10章　収益性と向き合う

「月1,000円の単価」と「一人の利用者に対しての管理栄養士からのフィードバックにかかる月コスト」が均衡するかがバリューエコノミクスにおいて、向き合うべき焦点です（実際には価値提供にかかるコストは管理栄養士への業務委託費用以外にも発生する可能性はありますが、例としてシンプルに表現をしています）。

管理栄養士のコストを分解してみます。時給2,000円で管理栄養士に業務を委託し、1回のフィードバックに対して15分の作業時間が必要です。月4回の対応が必要となるので毎月1人の利用者にフィードバックを行うために60分の作業時間が必要となります。時給2,000円で1人の利用者に対して60分の作業時間が必要となるため、価値提供コストは2,000円です。

月1,000円の単価に対して、2,000円の価値提供コストが発生することになるので、バリューエコノミクスが成立していません。この状況で規模拡大や事業活動継続、顧客との関係性を維持していくと赤字はどんどん膨れ上がっていくこととなります。

10-3-3　バランスをさせるためのレバーを考える

この事例では、単体黒字や累積損失と向き合う前に、まずはバリューエコノミクスの成立をめざすべきです。提供する価値の強化や向き合う課題をとらえ直したり、あるいはそもそも向き合う顧客セグメントの変更により支払い許容額を引き上げることによる単価の引き上げはバランスさせるための1つのアプローチです。

あるいは、時給1,000円で対応してくれるような若手管理栄養士への委託を前提とする、もしくは15分の作業時間をより短縮する仕組みを考えるなどの取り組みを通じて価値提供コストの引き下げを図ることも考えられるでしょう。

10-3-4　バリューエコノミクスとビジネスモデルのつながり

バリューエコノミクスを構成する要素と、ビジネスモデルの他要素の関連性を整理したものが図10-7です。

第4部 利益モデルを書く

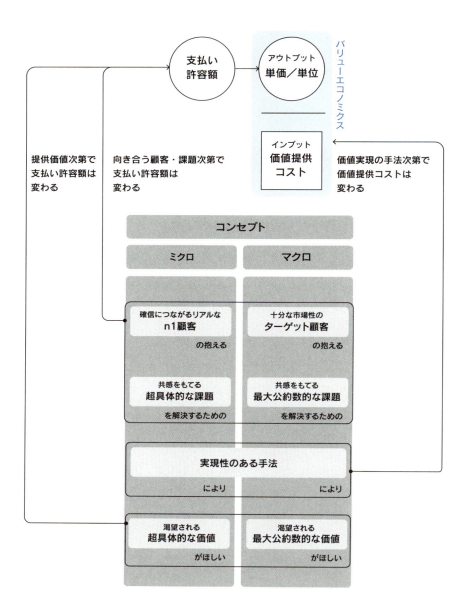

図 10-7　バリューエコノミクスとビジネスモデルのつながり

第 10 章　収益性と向き合う

「単価」の背景には顧客の支払い許容額があります。支払い許容額は向き合っている「課題」や提供する「価値」によって変わります。また、同じ課題だとしても支払い許容の高い顧客セグメントもいれば低いセグメントもいるため、「顧客」も支払い許容額に影響を与える要素です。その他、価値提供の「手法」は「価値提供コスト」に影響を与えます。

バリューエコノミクスの時点で収支が成立し得ないのであれば、これらの要素までさかのぼり、成立する組み合わせを探ることが必要となるでしょう。

バリューエコノミクスは事業の収益性と向き合ううえでの第一歩であり、土台となる領域です。いきなりマクロな収益性と向き合うのではなく、自らの事業はもっとも小さな単位（価値・取引単位）でエコノミクスが成立する構造となっているのか、成立し得ない場合は成立させるためにはどうすればよいかは必ず考えるべきでしょう。

10-4
ユニットエコノミクス

10-4-1　顧客単位の収益性

ユニットエコノミクスは**顧客との継続的な関係性（時間軸）を考慮した顧客単位の収益性**です（図10-8）。「LTV（Life Time Value：顧客との継続的関係の中で繰り返し生まれる取引単位利益（バリューエコノミクス）の蓄積）」と「CAC（顧客獲得コスト：広告宣伝費等が内包される規模実現コストを新規獲得顧客あたりに割り戻したコスト）」が対象です。

LTVは顧客あたりの月間取引単位利益と継続利用期間の積、CACは広告宣伝費等の顧客獲得コストを新規に獲得した顧客数で割ることにより算出されます。このバランスがユニットエコノミクスです。

1人の顧客を獲得するためにかかるコストは、その顧客が自らの事業やサー

173

ビスを使い続けてくれる結果提供される取引利益（バリューエコノミクス）の累積によって回収できるのかという問いと向き合います。

1回の取引ごとに500円の利益（バリューエコノミクス）が生まれ、利用者は平均6か月程度利用してくれるのであれば3,000円がLTVです。一方で、1人の顧客を獲得するのに5,000円かかるような状態だとユニットエコノミクスはバランスできていないこととなり、この状態で利用者を増やそうとすればするほど顧客獲得コストのうち回収しきれない部分が後々積み上がってしまいます。

ユニットエコノミクスが成立していないのであれば、より選ばれ続け、使われ続けるための体験強化を検討したり、バリューエコノミクスにさかのぼり取引あたり利益の向上を通じてLTV側を引き上げるか、顧客獲得手法の最適化を通じてCAC側を引き下げる必要があります。

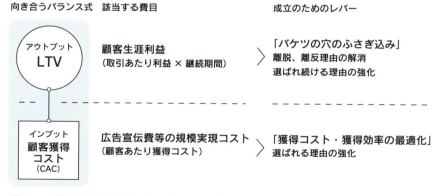

図10-8　顧客単位の収益性：ユニットエコノミクス

10-4-2　ユニットエコノミクスとビジネスモデルのつながり

　ほかにも、選ばれ続ける理由である「ロック」や、負荷なく使い続けてもらえる「料金モデル」、そして顧客に選ばれ続ける理由、コミュニケーションを行う「チャネル／提供手段」は、LTVとCAC双方に強く影響を与える関係にあります（図10-9）。ユニットエコノミクスがバランスしえない状況ではこれらの要素についても振り返り、さかのぼるべき要素となるでしょう。

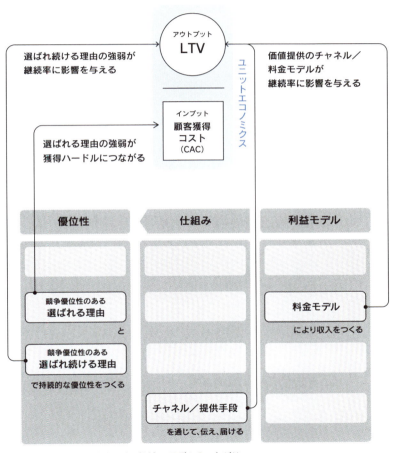

図10-9　ユニットエコノミクスとビジネスモデルのつながり

10-5
ビジネスエコノミクス

10-5-1　事業単位の収益性

　ビジネスエコノミクスは**顧客の数・規模の観点を考慮した事業単位の収益性**です（図10-10）。バリューエコノミクス、ユニットエコノミクスを通じて事業運営にかかるコストのうち価値提供コストと、規模実現コストと向き合ってきましたが、両者は取引の回数や顧客数の増加に連動する変動費的な性質があります。

　ビジネスエコノミクスは、売上から変動費を除いた利益を原資として、時間軸に伴って積み上がっていく固定費性質の維持運営コストを賄えるかどうかが焦点となります。

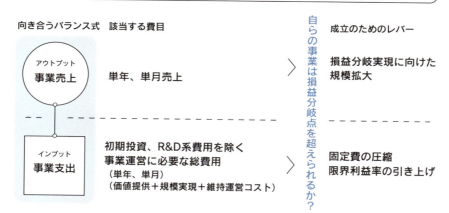

図 10-10　事業単位の収益性：ビジネスエコノミクス

第 10 章 収益性と向き合う

　つまりは、売上から変動費を除いた限界利益を通じて固定費を回収し、単体黒字を生み出せるかという損益分岐点と向き合っていく領域です。事業を通じて生み出される「事業売上」と「事業支出」を対象とします。

10-5-2 　ビジネスエコノミクスとビジネスモデルのつながり

　売上から価値提供コストや規模実現コストなどの変動費を除いた限界利益で維持運営コスト（固定費）を回収できる状態が、事業売上と事業収支がバランスする損益分岐点売上です。この売上規模が実現できるのかどうかがビジネスエコノミクスにおける向き合う問いです。

　たとえば、ある事業で損益分岐のために必要な売上が5,000万円とします。取引あたりの単価は100円で、5か月継続してくれるとすると1人の顧客から得られる収益は500円となります。5,000万円を実現するには、10万人の顧客が必要となります。

　一方、この事業が向き合っているターゲット顧客の人口数は推計100万人だとしましょう。ビジネスエコノミクスを成立させるためにはターゲット顧客のうち10人に1人を顧客とする必要があります。この10人に1人の獲得が現実的かどうかがビジネスエコノミクスで向き合うべき焦点の1つです（図10-11）。

　仮に競争環境が激しく10%のシェア獲得が現実的でない場合は、十分なサイズがあるターゲットセグメントの再定義や、競争環境が激しい中でも10%のシェア獲得を実現できるような強烈なフックの設計が必要となってくるでしょう。

　あるいは、単価の引き上げや継続利用期間の引き伸ばしを通じ、LTVを高めることで必要な顧客数規模を縮小し、実現性を担保する方向性もあるでしょう。

177

バリューエコノミクス　　ユニットエコノミクス　　**ビジネスエコノミクス**　　インベストエコノミクス

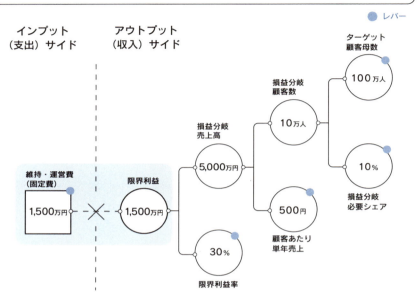

図 10-11　ビジネスエコノミクスの検討例

10-5-3　ビジネスエコノミクスとVDSの関係性

　ビジネスエコノミクスは取引や顧客単位の収益性を考慮したうえで、総括として事業単位での収益性と向き合うため、ビジネスモデル全体が強く影響します。ビジネスエコノミクスを構成する数式とVDSにおける各要素の関連性を整理すると図10-12のようになります。

　ビジネスモデルを構成するさまざまな要素が、ビジネスエコノミクスの成立に影響を与えます。この中でもとくに重要なつながりは、コンセプトで規定されたターゲット顧客との関係性です。ビジネスエコノミクスを成立させるには、10万人のユーザーが必要だと導出された際に、そもそも見据えているターゲット顧客が15万人程度しか存在しない場合は、ビジネスエコノミクスを成立さ

第 10 章　収益性と向き合う

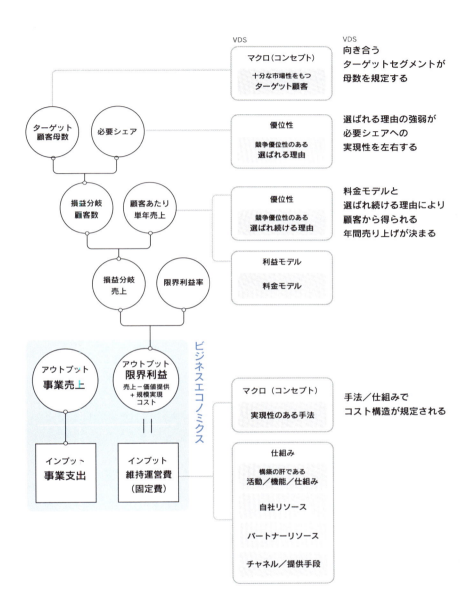

図 10-12　ビジネスエコノミクスとビジネスモデルのつながり

第4部　利益モデルを書く

せるハードルは非常に高いものとなります。

　この場合、ターゲット顧客を広げることが1つのアプローチですが、ターゲット顧客の規模を無闇に大きくしようとすると、自ずとターゲットは漠然とし、コンセプトへの渇望性は薄れていくでしょう。

　逆にターゲットを狭くすればするほどターゲットに特化した事業を組み上げられ、渇望される確信を高めていける一方で、顧客獲得の母数が小さくなるので、ビジネスエコノミクスの成立ハードルは高まります。

　コンセプトと収益性に向き合う利益モデルはとくに、行き来しながら構想していくことが必要なのです。

10-6
インベストエコノミクス

10-6-1　投資案件単位の収益性

　企業内における事業開発は経営課題を解決する手段の1つであり、ヒト・モノ・カネといった企業が保有するリソースを差配する対象案件の1つです。インベストエコノミクスとは、**新規事業を企業における1つの投資案件としてとらえた際の収益性**を指し、投資に資するリターンを生み出せるのか、という問いと向き合います。

　立上げ／強化コストまで含めた「累積支出」と事業活動を通じて積み重なった「累積売上」が対象です（図10-13）。いわゆる「累損解消」や、ファイナンス領域における「NPV（Net Present Value）」といった指標と向き合います。

　インベストエコノミクスでは「深さ」と「幅」と「エコノミクス」（投資対効果）の3つの観点での検討が必要となります（図10-14）。

バリューエコノミクス　　ユニットエコノミクス　　ビジネスエコノミクス　　インベストエコノミクス

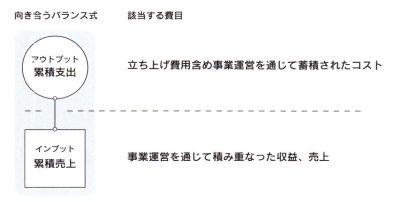

図 10-13　投資案件あたりの採算性：インベストエコノミクス

10-6-2　インベストエコノミクスの観点1：深さ

深さとは、事業を構築するために必要な投資、およびビジネスエコノミクスが成立し累積損失の回収が始まるまでにおける、累積損失の積み重なり度合いを指します。企業目線に立つと最大の負担額とも表現できます。

どのような事業であれ企業として許容しうる投資額や、累積損失の大きさは与件として存在します。自らの事業を立ち上げ、ビジネスエコノミクスの成立までに生まれる赤字、投資負担額の「深さ」が許容されうるかどうかが1つ目の観点です。

10-6-3　インベストエコノミクスの観点2：幅

幅とは時間軸への許容可否です。ビジネスエコノミクスが成立し、事業としての自立を実現し、初期投資や累積損失の回収が始まるまで、そして初期投資含む累積損失の回収が完了し、企業にとってのリターンが始まるまでにかかる

バリューエコノミクス　　ユニットエコノミクス　　ビジネスエコノミクス　　**インベストエコノミクス**

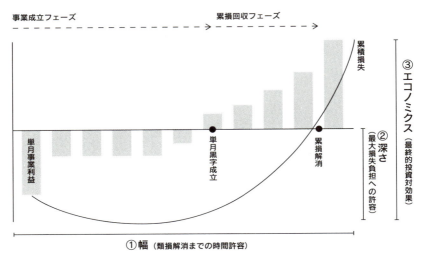

図 10-14　インベストエコノミクスの3つの観点

時間が、企業としての許容ラインの中に収まっているかを指します。

3年単黒5年累損解消という条件は、事業開発における与件として設定されているのを多く見かけます。企業として許容できうる時間軸は企業が置かれている経営環境や新規事業に求める期待、あるいは取り組んでいる新事業の特性によって変わるべきものですが、時間的な「幅」が許容されうるかどうかが2つ目の観点です。

10-6-4　インベストエコノミクスの観点3：エコノミクス

エコノミクスとは「投資対効果」を指します。たとえ「深さ」としての負担額が少なかったとしても、「幅」として早期の黒字化が実現できる事業であったとしても、最終的に生まれるリターン規模が小さいと事業の場合リソース投

入が承認されないこともあるでしょう。

　逆に将来大きなリターンを生み出す見込みがある事業であれば負担額の大きさや成立までに耐える時間は一定許容されるかもしれません。新規事業におけるリターンは必ずしも利益やキャッシュとは限らず、新たなアセットやケイパビリティの獲得、あるいは本業へのシナジー発揮も考慮されることもあるため一概にはいえないものの、「投資対効果」はインベストエコノミクスでは避けては通れない3つ目の観点となります。

10-7
4つのエコノミクスの関係性

10-7-1　段階的に積み上がる構造

　ここまで収益性と向き合う際の4つのエコノミクスについて解説しました。4つのエコノミクスは図10-15のように、バリューエコノミクスから始まり、ユニットエコノミクス、ビジネスエコノミクス、そして最終的にインベストエコノミクスへと階段のように積み上がる構造となっています。

　取引単位で獲得した利益を、顧客との継続的な関係性の構築を通じて、時間軸に引き伸ばした面積がLTVであり、LTVとCACのバランスによって顧客あたり利益が生まれます。

　そして、顧客あたり利益を顧客数の拡大によって積み上げた結果が総顧客利益となりますが、これは価値提供コストと規模実現コストという変動的な性質のコストを除いているため、管理会計上における限界利益と同義となります。

　限界利益と固定費がバランスすることによりビジネスエコノミクスが成立し、単体黒字の実現、そして事業利益の創出へつながります。そのうえで、事業活動を通じて事業利益を蓄積することにより、初期投資をはじめとした立上げ／強化コスト、および累積損失を回収することにより累積損失の解消、累積

利益の創出へとつながります。

　つまりは**取引単位利益がユニットエコノミクスや損益分岐、投資対効果におけるすべての源泉となる**構造です。

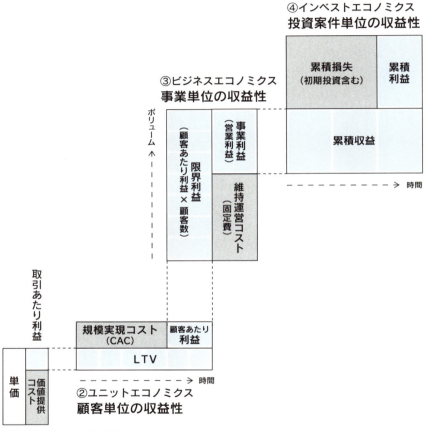

図 10-15　4 つのエコノミクスの関係性

10-7-2　事業の採算性とは何か

　取引単位で収支がバランスをしていない状況ではユニットエコノミクスは成立しえず、またユニットエコノミクスが成立していなければ事業単位でのエコノミクスも成立しえないのです。

　事業の採算性とは、この4つの段階と順番に向き合うことであり、一足飛びに単体黒字や累積損失といった言葉に思考をもっていかれないようにしなければなりません。

　VDSの「採算成立」の要素には、4つのエコノミクスに対してどこまでの成立が見えているのか、その論拠は何かについての言語化を行います（図10-16）。

　収益性と向き合ううえでの4つの階段、4つのエコノミクスのうち、どの段階のバランスがとくに重要となるか、収益成立のうえでのハードルとなるかはビジネスモデルごとに異なるコスト構造によって変わります。

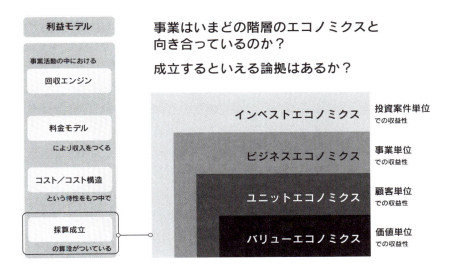

図10-16　VDSにおける収益成立の言語化

第4部　利益モデルを書く

第11章
コスト構造をつかむ

11-1
コスト構造とは何か

11-1-1　事業成立の急所

　コスト構造をつかむとは、事業構築し、運営するのに必要な費目や費用感を
ただ把握することではありません。

　**事業におけるヘビーコストを見抜き、増え方の特性を把握して、成立に向
けたコスト回収軸をつかむことで、事業の収益性を成立させうる利益モデル
を構築するためには、どことどこをバランスさせることが肝となるのかを語
れる状態となる**ことです。

　コスト構造をつかむことは、事業の成立を左右する急所をつかむことと同義
といえるでしょう。事業にはどのような費用が、どの程度必要なのかを漠然と
つかむことではないことを意識してください。

11-1-2　コスト構造をつかむ3つのステップ

コスト構造をつかむには図11-1 に示す3つのステップがあります。

186

第11章 コスト構造をつかむ

ヘビーコスト を把握	コストの増え方 を把握	自社事業にとって重要な 回収軸

図 11-1　コスト構造をつかむ 3 つのステップ

ステップ 1：ヘビーコストを把握

　事業管理の観点や予算承認に向けては網羅性をもったコスト洗い出しが必要となりますが、収益性と向き合ううえでは、高いシェアを占めるコスト＝ヘビーコストを見抜くことがより重要です。

　コストには、価値提供コスト、規模実現コスト、維持運営コスト、立上げ／強化コストの 4 つの種類がありました。

　このうちどのコスト、どの費目が総コストの中に占める割合が大きいのか（コストとして重いのか）を特定すること、つまりヘビーコストの把握が収益性と向き合ううえでの第一のステップとなります。

ステップ 2：コストの増え方を把握

　2 つ目のステップは、ヘビーコストの増え方の特性をつかむことです。固定費と変動費の区分けはもちろんのこと、変動費であれば「売上に連動する」という理解からもう一歩ふみ込み、具体的に何に連動する特性があるのかを把握しましょう。

　利用者増に連動して変わるのか、特定の機能を顧客が利用することにより増えていくのか、あるいは利用者が 1 人増えることで増えるのか、50 人単位で増えていくような階段型の固定費のような性質なのか、さまざまな場合があります。

　これが固定費でこれは変動費、というざっくりとしたとらえ方ではなく、ヘビーコストが増える要因を、機能や体験あるいは増加の頻度までつかめていれば、どの要素が動くと、どのコストが、どのように連動するかをイメージできるようになります。

187

第4部　利益モデルを書く

ステップ3：自社事業にとって重要な回収軸

　3つ目のステップは回収軸の把握です。規模で増えるコストは規模を拡大すればするほど増えていく特性をもっているため、規模ではなく時間経過で回収する必要があります。逆に、時間経過で積み上がるコストは規模拡大を通じて回収する必要があります。

　コストには4つの種類があり、その増え方の特性に応じた回収の軸があります（図10-2参照）。

　事業におけるヘビーコストとその増え方を高い解像度でつかめるようになると、自ずと収益性を成立させるためには、売上を構成する要素の「単価」「客数」「時間／期間」のどこに注視することがとくに重要なのかが見えてくるでしょう。

11-2
ビジネスモデルによってコスト構造は変わる

11-2-1　コスト構造の4つのパターン

　ヘビーコストをとらえ、コストの増え方の特性をふまえ、回収軸の焦点を見抜くことでコスト構造はつかめますが、ビジネスモデルによってコスト構造が変わることを知っておく必要があります（図11-2）。

　コストがそれぞれ重くなりがちなビジネスモデルの次の4つのパターンを1つずつ見ていきましょう。

・価値提供コストが重い事業
・規模実現コストが重い事業
・維持運営コストが重い事業
・立上げ／強化コストが重い事業

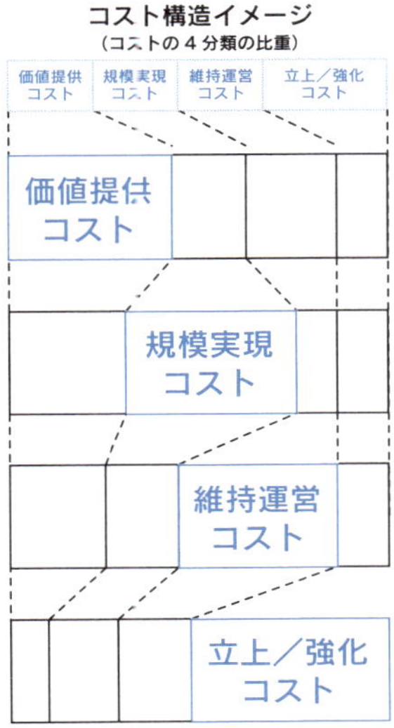

第 11 章　コスト構造をつかむ

コスト構造イメージ
（コストの 4 分類の比重）

価値提供コスト	規模実現コスト	維持運営コスト	立上／強化コスト	該当する事業イメージ	採算成立上の焦点
価値提供コスト				ハードウェア系事業 小売等の在庫保有型事業 価値提供にヒトが介在する事業 など	バリューエコノミクス成立可否 （価値提供コスト＜単価の実現）
	規模実現コスト			顧客獲得ハードルが高い事業 （リードタイム、接触難易度） マッチング系事業など	ユニットエコノミクス成立可否 （バリューエコノミクスとLTVの最大化、CACの最小化）
		維持運営コスト		SaaS 系デジタル完結事業 箱もの系事業など	ビジネスエコノミクス成立可否 （固定費回収に必要な規模の実現）
			立上／強化コスト	研究開発、設備投資系事業など （製薬系／エネルギーetc）	インベストエコノミクス成立可否 （初期投資の重さに対しての最終的リターンポテンシャル）

図 11-2　コスト構造のパターン

11-3
価値提供コストが重い事業

11-3-1　バリューエコノミクスが重要

　仕入れが発生するような業態、価値提供に人のオペレーションが発生するようなビジネスは価値提供コストが重くなるため、価値提供コストと料金・対価のバランスであるバリューエコノミクスがより重要となります。

　1 つのサービス上でさまざまな飲食店の出前を注文できるフードデリバリーサービスなどはこのパターンに該当するでしょう。

189

11-3-2 フードデリバリーサービスの事例を考える

フードデリバリーサービスでは、顧客からの注文を受け取るたびに、飲食店への代金支払いと、配達を担ってもらう人（配送パートナー）への報酬が主な価値提供コストとして発生します（図11-3）。

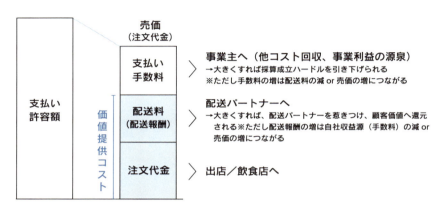

図11-3 フードデリバリーサービスにおけるコスト構造

利用者にとっては、どれだけ早く届けてくれるのかは重要な要素であり、配送スピードを高めるためには、配送パートナーをより多く確保する必要があります。

一方、配送パートナーにとっては、一回の配送を通じてどれだけの報酬が支払われるのかはとても重要です。フードデリバリーサービス運営事業者にとっては、価値提供コスト以外にもさまざまなコストが発生するため、自社の収入となる注文あたりの手数料は高めにとっておきたいものでしょう。

配送報酬を高くすれば配送パートナーをより惹きつけられるでしょうし、配送手数料を厚くすれば事業者側にとってのバリューエコノミクスの成立ハードルを引き下げることができます。

しかし、利用者にとっては支払い許容額があり、飲食代金からの上乗せ額が他のフードデリバリーサービスよりも高いか低いかは重要な観点となります。

第11章　コスト構造をつかむ

　飲食店に支払う注文代金、配送パートナーに支払う配送報酬、自社の収入源となる配送手数料、それらの合算となる注文代金、それぞれのバランスをどう描くが成否の分かれ目となります。

　つまりはバリューエコノミクスが収益性観点におけるフードデリバリーサービスの肝といえるでしょう。

11-4
規模実現コストが重い事業

11-4-1　顧客を獲得するためのコストがヘビーコストとなる

　規模実現コストが重い特性をもつ事業は、顧客を獲得するためのコストがヘビーコストとなる場合です。たとえば、1件の受注や1社の顧客獲得にかかるまでのリードタイムが長い事業（金融や保険など）や、そもそもターゲットとする顧客にリーチする難易度が高いビジネス（医者や士業向けなど）が該当します。

　あるいは属性の異なるターゲットそれぞれに対して顧客獲得活動が必要になるような2サイド、マルチサイドのマッチング系事業はこのパターンに該当することも多いでしょう。

11-4-2　顧客との継続的な関係が鍵

　もちろんコスト全体に占める規模実現コストの大小は、新規顧客獲得への積極性によっても変動するため、事業の成長ステージによって揺れ動くものではありますが、顧客獲得単価の高低はビジネスモデルや向き合っている顧客によって前提が決まります。

　顧客との継続的な関係性をいかにして構築し、より強固にできるか、重い顧

191

第4部　利益モデルを書く

客獲得コストをいかにして圧縮するかが収益性観点における焦点となります。

11-5
維持運営コストが重い事業

11-5-1　ビジネスエコノミクスが焦点となる

　維持運営コストが重い特性をもつ事業は、コワーキングスペースなどのいわゆる箱ものビジネスや自社で在庫を抱えない EC プラットフォーム、価値提供に人の手が介在しないデジタル完結ソリューションなどが該当します。

　コワーキングスペース事業は場所を提供するための家賃や施設維持・運営費、デジタル完結ソリューションはサービス維持運営のための人件費等が固定費として大部分を占めます。

　維持運営コストが重くなる特性をもつ場合、収益性観点における焦点は、ビジネスエコノミクスです。重い固定費を賄うために必要な利用者・顧客規模に到達可能かどうか、重い固定費を圧縮する余地がないかといったことが収益成立を分かちます。

11-6
立上げ／強化コストが重い事業

11-6-1　インベストエコノミクスが焦点となる

　立上げ／強化コストが重い特性をもつ事業は、研究開発に多大な初期投資が

192

必要な製薬系事業、多大な設備投資が必要となるエネルギー事業などの装置産業が該当することが多いでしょう。

単年度黒字以上に、多大な初期投資をどのようにして回収できるのかというインベストエコノミクスが収益性観点において焦点があたります。

コスト構造をつかむことは、事業の成立を左右する急所をおさえることと同義です。事業におけるコストがもつ特性と回収軸を高い解像度でつかめる状態をめざしましょう。

第12章
収益モデルをつくる

12-1
収益モデルとは何か

12-1-1　回収エンジンと料金モデル

　収益モデルとは売上を獲得するモデルを指し、「回収エンジン」と「料金モデル」の2つにより構成されます（図12-1）。事業活動において**「何を（≒回収エンジン）」売上獲得の源泉とし、「どのように売上として回収するのか（≒料金モデル）」**を意味します。

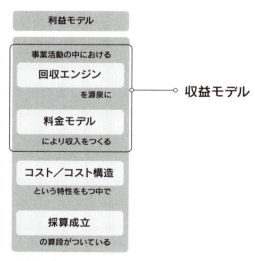

図12-1　VDSにおける収益モデル

12-2
回収エンジン

12-2-1 回収エンジンの3つのモデル

　売上獲得の源泉となる回収エンジンには、顧客に提供している価値自体が対象となる場合もあれば、事業を通じて蓄積しているものが対象となる場合もあるでしょう。回収エンジンは事業構想の起点となるコンセプトとの関連性から3つのモデルに分類できます。「提供価値エンジン」「隣接課題エンジン」「アセットエンジン」です（図12-2）。

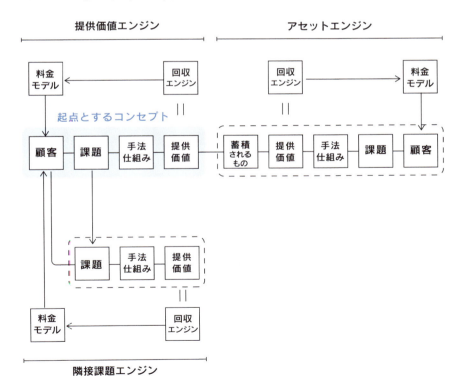

図12-2　回収エンジンの3つのモデル

第 4 部　利益モデルを書く

近年はほとんど見かけなくなりましたが、以前は公園や空き地などでよく見かけた紙芝居屋さんを例に 3 つのモデルからなる回収エンジンを考えてみます（図12-3）。

コンセプトを「**小学生の子ども**」が抱える「**遊ぶ場所と内容がいつも決まっているため、日常で手軽に楽しめる娯楽がない**」という課題に対して「**紙芝居**」を通じて「**ドキドキ・ワクワクする体験**」を提供するサービスととらえて以下に説明します。

12-2-2　提供価値エンジン

提供価値エンジンは、向き合っている顧客がそのまま費用負担者・支払い者となり、提供している価値がそのまま回収エンジンとなるモデルです。紙芝居屋が提供している「ドキドキ・ワクワクする体験」という価値自体を回収エンジンとすると、「紙芝居への参加料金」であったり、ドキドキ・ワクワクする体験をより強めるような「パンフレット販売」などが料金モデルとして描けるでしょう。向き合う顧客に提供する価値で対価を得るシンプルなモデルです。

しかし、提供している価値自体を回収エンジンとするのは難しい場合もあります。子どもにとって日常の娯楽は紙芝居だけでなく、公園の遊具や鬼ごっこなどのさまざまなものがあります。

その中で、紙芝居によるドキドキ・ワクワクの提供だけでは対価を獲得するのは難しいかもしれません。向き合っている課題、そして価値自体がもつ支払い意欲、支払い許容額次第でこのモデルを活用できるかどうかは変わるのです。

12-2-3　隣接課題エンジン

隣接課題エンジンは、コンセプトが向き合う顧客は変えず、回収エンジンとなる価値や向き合う課題をずらすことで、売上の獲得をめざします。

実際の紙芝居屋の売上は、水飴やソース煎餅などの駄菓子の販売だったようですが、これはまさに娯楽を課題とするのではなく、食やおやつに課題をずらしています。

196

12-2-4　アセットエンジン

　アセットエンジンは事業活動を通じて得られるアセット、蓄積されるものを活かし売上獲得をめざします。公園で紙芝居を提供していると、紙芝居を聞きにくる子どもたちが蓄積されるものの1つとなるでしょう。

　「子どもたちが集まっている」というアセットを活かせば、子ども向け教育サービスを展開している企業に対して、子ども向けに直接情報を伝えられるメ

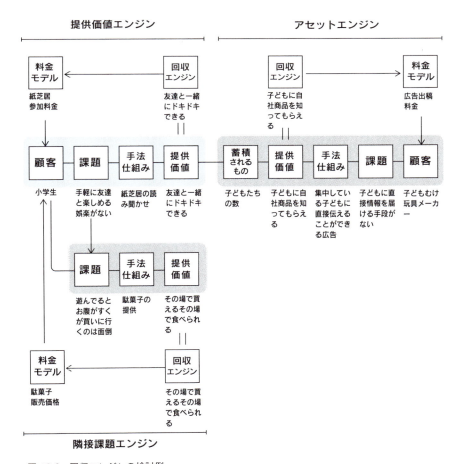

図 12-3　回収エンジンの検討例

第4部　利益モデルを書く

ディア事業などへの広がりが描けるかもしれません（もちろん公園で数人を集めている規模では難しいですが）。コンセプト自体での売上獲得が難しい場合、アセットエンジンの検討も1つの手立てとなります。

　事業構想では、売上獲得の源泉を複数描くのもよいですが、中心となるエンジンは明確に定めた方がよいでしょう。コンセプトで対価を得る提供価値エンジンは、もっともシンプルであり提供価値を強めれば強めるほど回収エンジンとしての強度も強まる構造にあるため、まず検討すべきエンジンです。

　ただし、向き合う課題の特性によっては隣接課題エンジンや、アセットエンジンも含め自らの事業における売上獲得の源泉はどこに据えるのか、据えられるのかと向き合い、言語化しましょう。

12-3
料金モデル

12-3-1　料金モデルとは何か

　料金モデルとは回収エンジンを用いて、対価を得るモデルを指します。料金モデルといえば、どうしても価格設定に焦点があたりがちです。

　しかし、優位性における選ばれ続ける理由を描くこと（第3部参照）に加え、売上の構成要素として「単価」「客数」とともに「時間／期間」も考慮すべき欠かせない要素（第10章参照）であることをふまえると、料金モデルにおいても顧客との継続的な関係構築はとても重要な観点です。

　つまり、いくらで売るかではなく、**顧客にとって負荷なく事業を選び続けてもらうためには、どのように売るべきかという問いと向き合う**必要があります。

　価格設定だけが料金モデルではありません。「誰が」「何に対して」「どのように」「いくらで」の4つの要素により規定されるもの、それが料金モデルです（図12-4）。

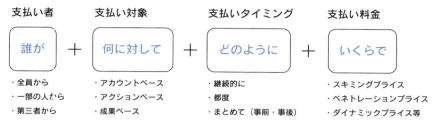

図 12-4 料金モデルの構成要素

12-3-2　料金モデルの4要素

誰が

「誰が」とは支払い者を指します。利用者が支払い者となる場合、利用者と支払い者が異なる場合、利用者（支払い者）全員が費用負担する場合、一部の利用者（支払い者）のみが費用負担する場合などさまざまなパターンがありえます。

何に対して

「何に対して」とは支払い者が費用を支払う対象を指します。キャッシュポイントとも表現できます。アカウント単位（人／法人数）の課金、特定の機能を利用するごとの課金、サービスや事業が生み出す成果に対する課金などのパターンがあります。

どのように

「どのように」とは支払い者が費用を支払うタイミングを指します。継続的な支払い、都度の支払い、事前にまとめて支払い、事後にまとめて支払いなどのパターンがあります。

第4部 利益モデルを書く

いくらで

「いくらで」は価格を指します。初期価格をあえて高く設定して初期の資金回収、売上拡大を見込むスキミングプライス、売上ではなく顧客浸透／拡大を意図してあえて低価格を設定するペネトレーションプライス、需給バランスを考慮して価格に変動性をもたせたダイナミックプライスなどのパターンがあります（価格戦略の詳細は本書では割愛します）。

このように料金モデルの4つの要素は、それぞれバリエーションがあり、それらの組み合わせとして生まれる料金モデルも多種多様です。無数の選択肢の中から自分たちの事業に適した料金モデルを選択し、組み上げていきます。

12-4
料金モデルに求められる6つの整合性

12-4-1 ビジネスモデルの諸要素と密接につながっている

料金モデルは、ビジネスモデルを構成する他要素と密接につながっており、さまざまな観点との整合性がとくに、求められる領域です。

誰の、どの課題を、どういう手法・体験を通じて、どのような状態・価値に転換させるのか、というコンセプト。課題や価値に対して競合が存在する中で自社が選ばれる戦略。戦略および手法を実現するための仕組みにより定まるコスト構造。これらビジネスモデルの構成要素とそのつながりの中から、料金モデルとの整合性を考慮すべき6つの観点があります（図12-5）。

200

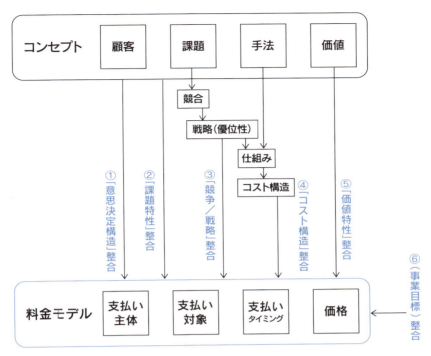

図 12-5　ビジネスモデルの他要素と料金モデルの 6 つのつながり

12-5
意思決定構造との整合性

12-5-1　意思決定するのは誰か

　意思決定構造との整合性とは**「購入／導入意思決定における特性をふまえた料金モデルとなっているか？」**という問いです（図12-6）。購入／導入意思決定における特性とは、「導入／購入における意思決定者／費用負担者は誰

①「意思決定構造」整合　②「課題特性」整合　③「競争／戦略」整合　④「コスト構造」整合　⑤「価値特性」整合　⑥「事業目標」整合

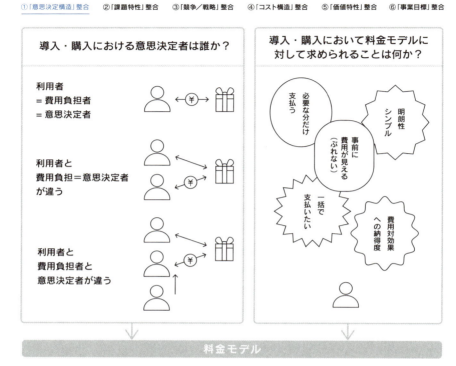

図12-6　意思決定構造との整合性

か？」「費用負担において重視される要素は何か？」の2点を指します。

　事業領域によっては利用者と導入意思決定者や費用負担者が異なる場合は多くあります。BtoB事業は多くが該当し、導入意思決定者は対象部門の部長だが、部長の意思決定に影響を与えているのは社長の意向というように、導入意思決定者に影響を与えているような人物がいる場合もあるでしょう。

　BtoC事業でも、たとえば子ども向けの教育教材では、実利用者は子どもだが、実際の導入意思決定者や費用負担者は父親や母親である場合も想像できます。BtoB型事業では、誰が価値の受益者で、誰が実質的に購入を決めて、誰が費用負担をするのか、という導入／購入にあたっての関係者の可視化・把握が、購入／導入意思決定における特性の1つです。

第 12 章　収益モデルをつくる

12-5-2　費用負担で重視される要素は何か

　購入／導入意思決定における特性のもう 1 つの側面は、費用負担者／意思決定者は料金モデルに対して何を求めるかをおさえておくことです。向き合う課題と向き合う顧客によって異なります。BtoB 事業では、使った分だけ払うという無駄な費用負担がないことよりも、事前に費用の見込みが立つような固定費型の料金モデルが求められる場合が多くあります。

　多少の経済的不利益を被るとしても毎月いくらかかるのかが予測できなければ、社内の予算承認を得ることが難しいためです。

　一方で広告事業では、成果と費用の関係性が明確であることが重視されます。確保している広告予算の中で、いかに多くの成果を生み出すかが求められるため、毎月の費用が変動したとしても広告を出稿して得られた成果と費用が連動していることが重視されるのです。

　このほかにもシンプルさや、料金のわかりやすさ・明朗性、月額負担の少なさなど、どの領域で誰に向き合った事業か次第で、意思決定者が料金モデルに求める要素は多様です。導入／費用負担にかかわる登場人物と料金モデルに対して求める要素を把握し、料金モデルはそれらを考慮できているかは、欠かせない観点です。

12-6
課題特性との整合性

12-6-1　支払い許容額

　課題（および問題）特性との整合性とは**「課題（問題）の特性をふまえた料金モデルとなっているか？」**という問いです（図 12-7）。課題（および問題）の特性とは「支払い許容額」と「発生頻度」の 2 点を指します。

203

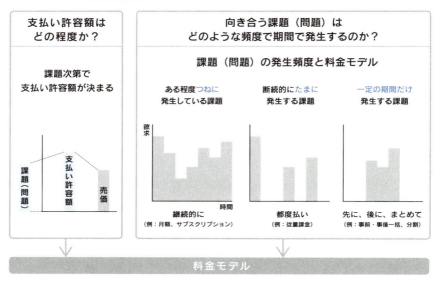

図 12-7　課題特性との整合性

　支払い許容額は課題（問題）によって規定されます。第5章でも触れましたが、世の中にはいくらお金を払ってでも解決してほしい課題／問題もあれば、解決してもらいたいがお金を払うほどではない課題／問題も存在します。

　BtoB の業務効率化に焦点を当てた事業などではこの傾向は顕著でしょう。ある業務の対応に非常に時間がかかっているという問題に対しての支払い許容額は、その業務対応によって生まれているコストが支払い上限となります。

　問題ととらえた業務が日常業務において多くの時間を割かれているものであればそれだけ支払い許容額は大きくなり、逆に日常業務でそもそも少ない時間しかかけていない場合、支払い許容額は当然小さくなります。

　課題（問題）次第で支払い許容額が決まるのは BtoC 事業でも同様です。

12-6-2　発生頻度

　「支払いタイミング」に影響を与える特性が課題（問題）の発生頻度です。

顧客が課題を実感し直面する頻度は、どの課題と向き合うかによってさまざまです。

衣食住などに関連する課題や、従業員の健康管理などに関する課題はつねに実感している常態的な課題となりやすいでしょう。

一方で、映画や旅行などに関する課題はつねに直面しているわけではなく、断続的に発生します。学習やダイエットなどはある一定期間において常態的に発生する課題といえます。

課題を実感する頻度が変わるということは、サービスを求める頻度が変わるということです。そして費用負担をしてもよい、費用負担すべきタイミングも変わりうるということです。

たまにしか課題を実感しないのに、つねに支払いを求められるようなモデルは相性が悪く、逆に課題をつねに実感しているものに対して、都度費用を支払うのは煩わしく感じられるでしょう。

12-7
競争／戦略との整合性

12-7-1　優位性を体現できるモデルかどうか

競争／戦略との整合性とは**「自社の優位性（フック／ロック）を体現、あるいは阻害しうるモデルとなっていないか？」**という問いです（図12-8）。たとえば自社が選ばれる理由として「圧倒的な手軽さ」を定義し、手軽に使えるUIを追求したとしても、結局いくらなのかと利用者が理解するのに労力を要してしまうような料金モデルは自社の戦略を阻害しうるため、相性の悪いモデルといえます。

これは「ロック」についても同様です。たとえば、利用者の商品購入や閲覧データの蓄積が、自社が選ばれ続ける理由を構築するうえで重要であると定義

205

① 「意思決定構造」整合　② 「課題特性」整合　③ 「競争/戦略」整合　④ 「コスト構造」整合　⑤ 「価値特性」整合　⑥ 「事業目標」整合

図 12-8　競争／戦略との整合性

したような事業の場合、アプリのダウンロードや会員登録自体に料金が発生するようなモデルは、商品購入者、閲覧者の母数を減らすことにつながりうるため、相性が悪いモデルといえるでしょう。

12-8 コスト構造との整合性

12-8-1　4種類のコストとの関係

　事業を実現するうえでは4種類のコストが発生します（第11章参照）が、その中でとくに取引ごとに発生する価値提供コストを上回る単価を獲得できなければ、どれだけ規模拡大や時間経過したとしても事業の収益性は成立しえません（図12-9）。

① 「意思決定構造」整合　② 「課題特性」整合　③ 「競争／戦略」整合　④ 「コスト構造」整合　⑤ 「価値特性」整合　⑥ 「事業目標」整合

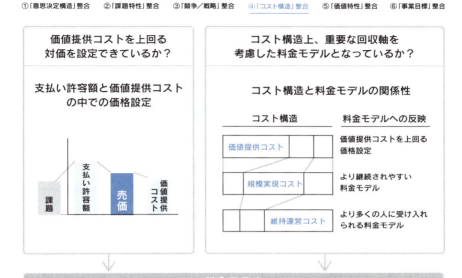

図12-9　コスト構造との整合性

　また、規模実現コストや維持運営コストを賄ううえでの原資は価値提供コストと単価の差分であるバリューエコノミクスです。支払い許容額がある中で、**「価値提供コストを上回る単価を設定できているか？　他コストを回収し、事業成立をめざしうる単価を設計できているか？」**という観点はとくに単価設計で忘れてはならないことです。

12-8-2　回収軸との関係

　さらに、事業によってヘビーコストは異なります。4種類のコストはそれぞれ増え方が異なるため、事業のどこにヘビーコストが存在するのかによって、とくに意識すべき回収軸が変わります。価値提供コストが大部分を占めるような事業の場合は、価値提供コストを上回る単価設計の可否がとくに重要です。
　一方、規模拡大をすればするほど積み上がる規模実現コストが大部分を占め

第 4 部　利益モデルを書く

るような事業では、利用者により長く使い続けてもらうことを重視し、時間軸（利用期間）の長期化に寄与できる料金モデルが欠かせないでしょう。

　逆に、維持運営コストが大部分を占めるビジネスの場合は、固定費を賄うための規模の実現が収益成立の焦点となるため、時間軸以上により多くの利用者に受け入れられるような料金モデルが求められます。コスト構造整合は料金モデルを描くうえでは必ず考慮すべき観点です。

12-9
価値特性との整合性

12-9-1　支払い対象への影響

　価値特性との整合性とは**「価値実感と費用負担に整合性をもつ料金モデルとなっているか？」**という問いです（図12-10）。料金モデルの構成要素のうち、とくに「何に対して（支払対象）」に影響を与える観点です。

　利用者が価値を実感すればするほど、費用の負担が増えるモデルがあるべき姿であり、逆に利用者の価値実感は増えないまま、費用負担だけが増えていくようなモデルは避けるべきです。

12-9-2　価値特性との整合性を考えるケーススタディ

　たとえば、忙しい日々を送る社会人にとって「学びの時短・効率化」は大きな関心の1つでしょう。近年は耳で聞く読書やスキマ学習アプリなど、学びの時短・効率化をとらえたビジネスが多く生まれています。「書籍の要約サービス」を例に、価値実感と費用負担の整合性について考えてみましょう。

　書籍を通じた学習は、もっとも取り組みやすく有効な学びの手法ですが、1冊を読み終えるにはある程度の時間が必要となるため、本からもっと早く、効

① 「意思決定構造」整合　② 「課題特性」整合　③ 「競争／戦略」整合　④ 「コスト構造」整合　⑤ 「価値特性」整合　⑥ 「事業目標」整合

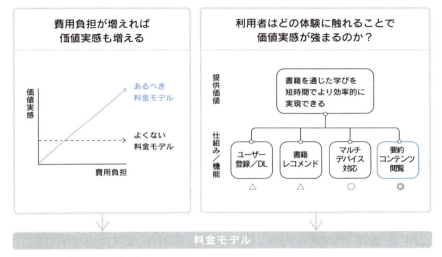

図 12-10　価値特性との整合性

率的に学びを得たいという欲求やそれに紐づく問題／課題は多くの方が共感できるものでしょう。

　書籍の要約サービスは、ビジネス書を要約したコンテンツの提供を通じて、本で語られている内容の全体像とポイントを短時間でつかめるサービスです。サービスの利用者が享受する価値は「短時間で書籍から学びや気づきを得られる」であり、料金モデルの理想は利用者がこの価値をより強く実感、享受すればするほど費用負担も増えていくものとすべきです。

　一方で、書籍要約サービスの料金モデルにおける「支払い対象」にはさまざまなバリエーションが考えられます。アプリをダウンロードすること自体を有料とする、会員登録／アカウント発行で基本料金が発生する、マルチデバイス対応に費用を発生させる、コンテンツの閲覧量に応じて費用負担が変わるなど多様なあり方が考えられます。

　価値実感の強弱との連動性という観点から、上記 4 つの料金モデルの良し悪

第4部　利益モデルを書く

しが見えてきます。もっとも価値実感と整合する料金モデルは、コンテンツの閲覧量と連動するものです。「短時間で書籍から学びや気づきを得られる」価値は、要約されたコンテンツを閲覧／消費すればするほど利用者に強く還元されます。価値の実感と費用の負担が正の相関となるような料金モデルといえるでしょう。

またマルチデバイス対応は、要約コンテンツを消費できる機会を増やすことにつながるため、価値実感と整合すると考えられるので、次点の料金モデルといえます。

一方で、有料アプリ化やアカウント発行を支払い対象とする料金モデルは、「短時間で書籍から学びや気づきを得られる」価値とは直接的な相関性がないばかりか、むしろ価値の実感は変わらずとも費用負担だけが増えることにもつながる可能性があり、価値特性とは整合しないため避けるべき料金モデルとなります。

利用者はサービスや事業の中で、どういった体験や機能に触れることで「利用してよかった」という実感がより強まるのか、「利用者の価値実感の増加に伴って費用負担も増える料金モデルとなっているか」は考慮すべき観点の1つです。

12-10
事業目標との整合性

12-10-1　向き合う2つの問い

事業目標との整合性は「事業目標に到達しうる料金モデルとなっているか？」と、「事業の育て方と料金モデルは整合性がとれているか？」という2つの問いと向き合います（図12-11）。

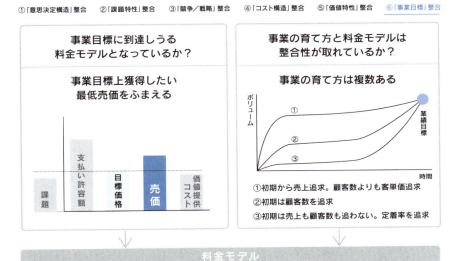

図12-11 事業目標との整合性

12-10-2 業績目標自体との整合

　企業内事業開発には、売上や利益規模や投資回収時期に対して経営や意思決定者側の期待値があります。起案者側は顧客や競争環境を考慮しつつ、自社が求める水準に新規事業が届きうるのかという問いと向き合う必要があります。

　「業績目標に対して料金モデル、とくに「単価」は適切に設定できているか？」というのが1つ目の問いです。収支計画をつくった経験のある方であれば感覚があるかと思いますが、売上を構成する「客数」「単価」「時間／期間」の3つの要素のうち、単価が収支計画に与えるインパクトは非常に大きいものです。

　当然支払い許容額がありますし、客数と時間軸も売上／利益を引き上げる要素なので、単価だけをむやみに引き上げるべきではありませんが、業績目標をふまえて見出される目標価格に対して、想定している単価が適切かどうかは意識しておかなければなりません。

第 4 部　利益モデルを書く

12-10-3　事業の育て方との整合

　業績目標として 5 年後に 10 億という売上目標が設定されているとしましょう。立上げの初期からの積極的な広告投資によって、売上よりもまずは顧客数を追い求め、その後収益化していく場合、小さな売上を初期から重視し、顧客数は追求しない場合、あるいは売上や顧客数の追求以上に顧客の継続利用を追求するなど事業の育て方にはさまざまなバリエーションがあります。第 4 章のまず向き合うべき顧客をどう見出すかで紹介した成長ストーリー、KGI ストーリーの観点です。

　事業目標整合における 2 つ目の問いは**「事業育成上、対象フェーズにおいて重視すべきスタンスと料金モデルは整合性が取れているか？」**です。たとえば事業計画の初年度を、収益化を追及せずにユーザー獲得に焦点を絞るのであれば、求めやすい低単価の設計や基本利用無料とする料金モデルも考えられるでしょう。あるいは利用者からは料金をとらず、広告モデルのように第三者から料金を回収する判断もありえます。

　一方で、初期は継続利用率を高めてユーザーの定着に注力するのであれば、単価の引き下げや利用者の価値実感と費用負担が連動する設計など、より継続利用されやすいような料金モデルを選択すべきでしょう。

12-11
料金モデルを考える際の問いの全体像

12-11-1　料金モデルの6つの観点と11の問い

　ここまで解説してきた料金モデルに求められる 6 つの観点とその問いをまとめたものが図 12-12 です。

　料金モデルは収益性と向き合ううえで売上が生まれる構造とその因数を規

定し、ビジネスモデルの各要素と密接につながる領域です。6つの観点を多角的に考慮したうえで料金モデルを描きましょう。

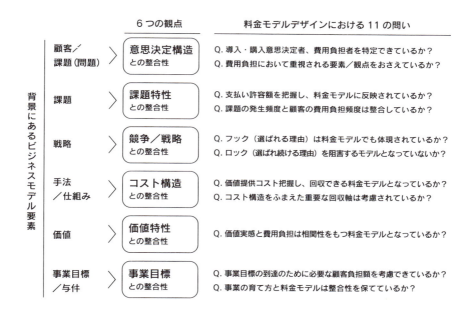

図12-12　料金モデルの6つの観点と11の問い

12-12
収益モデルをつくる

12-12-1　発散と収束を繰り返すモデル

　回収エンジンと料金モデルによって描かれる収益モデルは、バリエーションも多様にあり、考慮すべき観点も複数存在します。

その中で事業に適切なモデルを見出すことが必要となるため、実際に収益モデルを描く際は、発散と収束の繰り返しによるモデル探索・選定が有効です（図12-13）。

図 12-13　収益モデルをつくるプロセス

12-12-2　収益モデルの3段階プロセス

収益モデルは3段階のプロセスでつくるのが基本となります。

1段階目は、事業が提供する価値を売上獲得の源泉とし、加えて事業を通じて蓄積されるものを活かした売上獲得の可能性も含めた回収エンジンを規定します。

2段階目は料金モデルを描くうえでおさえるべき観点を洗い出したうえで、設計思想へと収束させます。

3段階目は設計思想を軸足としながら、バリエーションを広げて料金モデルを絞り込みます。

12-12-3　設計思想の言語化

料金モデルはこれまでお伝えしてきた通りさまざまな観点からの整合性が求められますが、ときとして観点ごとに料金モデルに求める内容が相反する場合もありえます。

たとえば価値特性からは、価値実感と費用負担が連動する従量制の料金モデ

ルと相性がよい一方で、意思決定構造特性からは、導入にあたっての予算化のしやすさから固定費型の料金モデルが求められるというようなケースです。

そこで鍵となるのが「設計思想」です。設計思想とは、**「料金モデルを描くうえで何を重視すべきか？　何は避けるべきか？」**という問いに対してのチームの意思、方針です。

設計思想の検討は、料金モデルの6つの観点ごとに生まれる要求を言語化し、洗い出したうえで、チームメンバー個々人としての設計思想を言葉に落とし込み、投票や熟議などによってチームの総意としてまとめます。

たとえば図12-14のようなひな形を用いて言語化してみるとよいでしょう。設計思想は、自社がいま採用すべき料金モデルを探索し、評価・選定していくうえでの拠り所となるとても大事なものとなります。

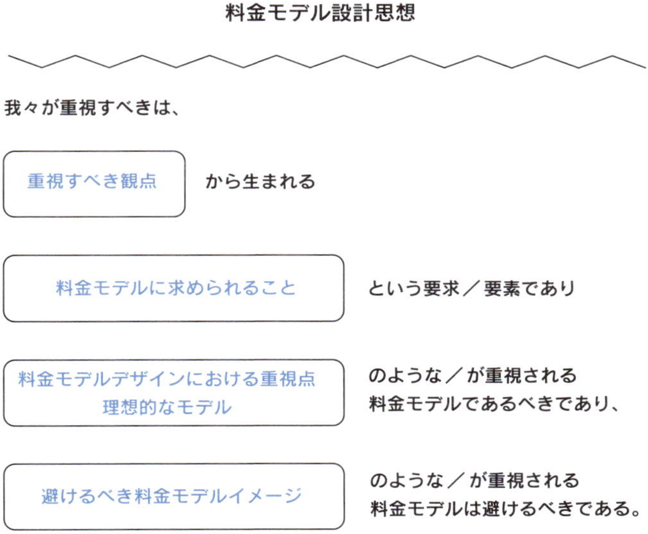

料金モデル設計思想

我々が重視すべきは、

重視すべき観点　　　　　から生まれる

料金モデルに求められること　　　という要求／要素であり

料金モデルデザインにおける重視点
理想的なモデル　　　のような／が重視される
料金モデルであるべきであり、

避けるべき料金モデルイメージ　　　のような／が重視される
料金モデルは避けるべきである。

図 12-14　収益モデルデザインの拠り所：設計思想

第4部　利益モデルを書く

12-12-4　料金モデルのバリエーション

　料金モデルの選択肢の発散、および収束・評価は図12-15のようなイメージで行えるとよいでしょう。

　事業が提供する体験や機能の洗い出しをしたうえで、どの体験を支払い対象とするのか、支払い対象に対してどのような支払いタイミングを想定するのか、という2つの軸の中でのバリエーションを広げ、組み合わせることでことでさまざまな料金モデルが選択肢として広がります。

　そのうえで、意思決定者へのヒアリングや料金モデルとしての良し悪しを評価しながら選定を行い、自社にフィットした料金モデルへの絞り込みを行いましょう。

　本章で解説してきた回収エンジンや料金モデルは、世に出し、市場との対話の中でブラッシュアップや軌道修正し続けるものなので、事業構想の段階では必要以上に時間をかける必要はありません。

　しかし収益性における売上が生まれる構造を決定づける非常に重要なものです。競合の料金モデルを模倣して議論なく終えるのではなく、自らの事業では何を売上獲得の源泉とし、どのような料金モデルを通じて売上を得ていくのかは、明確な意思と意図、そして論拠をもって設計すべきです。

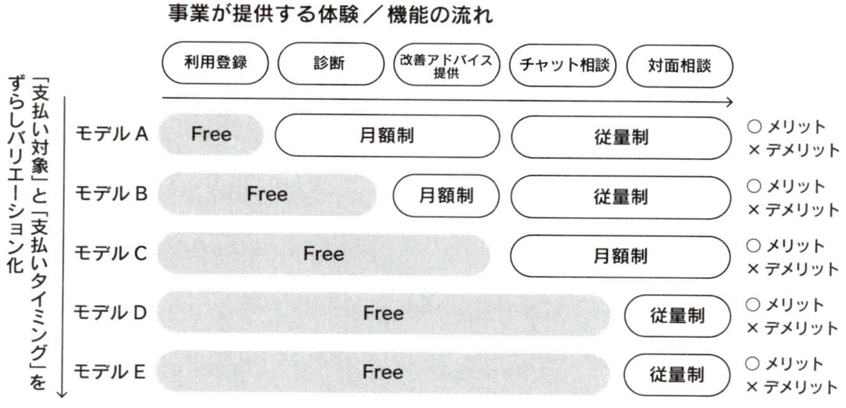

図 12-15　料金モデルのバリエーションを広げて、狭める

第4部 まとめ

　どれほど顧客に渇望されていようと、素晴らしい仕組みやアセットを活かし、強烈な優位性を築けるとしても、最終的な収支のバランスが見込めないのであれば事業として世に出す意思決定を突破することは難しいでしょう。

　アイデアをビジネスへと進化させるためには避けては通れないのが収益性です。

　ここまで述べてきたことをVDSに落とし込むと図4-Cのようになります。

　ビジネスモデルの他要素とのつながりをふまえ、事業の収支が成立しうる利益モデルを高い解像度でとらえ、言語化できる状態をめざしましょう。

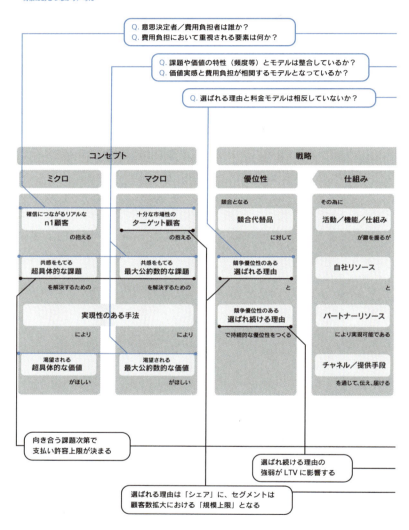

図4-C　利益モデルを書く全体構造

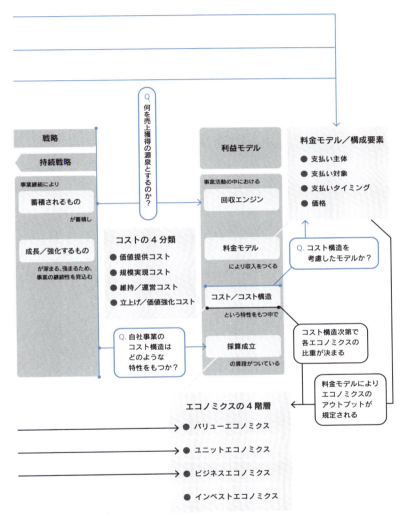

第5部
バリューデザイン・シンタックスの実践

バリューデザイン・シンタックス（VDS）はビジネスモデルを文章化することで仮説形成と仮説検証の起点となり、事業構想を加速させるフレームワークです。

第5部では、第1部から第4部までに解説してきたことをふまえて、VDSの「書き方」と新規事業開発の現場での「活用方法」を紹介します。

第5部　バリューデザイン・シンタックスの実践

第13章
VDS の書き方

　VDS を書く際、どのような要素を、どの程度の粒度で書くべきでしょうか、複数の要素が 1 つの長文としてどのようにつながっていくのでしょうか。

　第 1 章から第 12 章までで解説してきた内容をふりかえりながら「コンセプト」「戦略」「利益モデル」の順番で見ていきます。

　事例として「新規事業開発担当者に向けたオンライン完結のスクール事業」をあつかいます。イノベーションブームを背景に新規事業開発の方法論、ノウハウ学習の必要性を感じつつも、費用対効果が見えないことにより学習にふみ出せない新規事業開発の担当者に向けて、学習後の姿とその成果を学習前に明確に可視化するとともに、その成果に至る確実性、到達力を選ばれる理由に据えた新規事業です。

　なお、本章の末尾に完成した VDS の記載例を示しますので、先に全体像を把握されたい方は図13-24 を参照してください。

13-1
コンセプトの書き方

　コンセプトは「顧客」「課題」「手法」「価値」の 4 つの要素で構成されます。**1 人の顧客を熱狂させ渇望してもらえるミクロの視座からの確信と、一定サイズの顧客に求められうるサイズや広がりをもつマクロの視座からの確証がコンセプトには必要**です。

　VDS ではコンセプトの 4 つの要素の縦のつながりと、ミクロとマクロの横のつながりを意識しながら書くことが重要です（第 3 章参照）。

13-1-1 顧客の書き方

　顧客は市場（人数ベース）、ターゲット顧客、n1顧客の3つの階層に分かれ、それぞれの階層での言語化が必要です（第4章参照）。VDSではn1顧客とターゲット顧客を記載します（図13-1）。

　n1顧客を記載するポイントは**解像度の高さであり、具体性**です。BtoC事業であれば、n1顧客となる生活者の人物像が趣味や趣向、行動パターンや価値観まで含めて理解し、言語化できていればいるほどよいでしょう。

　BtoB事業の場合も同様に、企業規模や所在地、社名や企業風土、さらに担当者の人物像までふみ込んで言語化できている状態が理想です。妄想ではなく、実在するn1顧客を具体的に書きます。

　ターゲット顧客は、まず向き合う顧客群の言語化です。どの切り口で顧客を群としてとらえるかは、年齢や性別、企業規模といった人口統計学的な属性やライフスタイル、価値観、企業風土などの心理学的属性、あるいは行動特性などのさまざまな切り口があるでしょう。

　まずは向き合う顧客をシンプルに群として記載します。「どの程度の規模感が存在しそうなのか？」という問いに答えられるように測定可能かどうかも意識しながら言語化できるとよいでしょう。

　そして、n1顧客とターゲット顧客にはミクロとマクロのつながりがあります。n1顧客を群としてとらえ直したものがターゲット顧客となっているか、という観点だけでなく、向き合う顧客の定義は立体的に行います。

　「なぜその顧客をまず向き合うセグメントとして定義したのか？」という問いに対して、量が見込めるから、もっとも解決策を渇望してくれるから、という理由だけではなく事業の育て方を思い描いたうえで、明確な理由とともに顧客を言語化できている状態をめざしましょう。

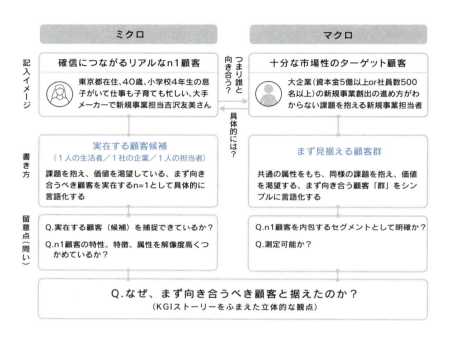

図 13-1　顧客の記載例

13-1-2　課題の書き方

　現状とありたい姿／あるべき姿のギャップが問題、背景に潜むさまざまな要因の中から意思をもって選択されるものが課題です（第5章参照）。

　課題を記載するときのポイントは、**言語化されたものがそもそも「課題」となっているかどうか、そしてそもそもよい問題、よい課題と向き合えているか**を意識することです。たとえば、「新規事業開発のノウハウを学びたいができていない」といった記載は、問題であり課題ではありません。本事例の問題と課題の関係性は図13-2のようになります。

　ノウハウを学びたいができていない背景／要因には、確保しないといけない時間の多さや、費用負担の重さなどさまざまなものが考えられます。確保時間の多さが懸念点となる背景には日々の業務と子育ての両立によりそもそも時間

が足りていないなどの理由もあるかもしれません。

　ここでは、学習を始めたいが始められない問題の背景として、時間とお金をかけた結果得られる成果が見えず、費用対効果が不透明であることを課題とします。問題の背景／要因を深掘りしたものを課題として言語化します（図13-3）。

　ミクロの課題は、具体的で1人の顧客の生の声や行動をもとにした逼迫感とリアリティのあるエピソードです。BtoB事業の場合は、課題によって生じているコストや機会損失額などの具体的な数字を課題として言語化できていると、より高い解像度となり理想的です。

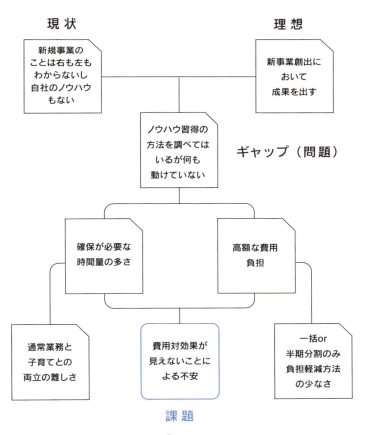

図13-2　問題と課題の関係性（イシューマップ）

マクロの課題は、具体のエピソードから個別具体性を排除し、一定の顧客群に共通しうる課題として言語化します。定量調査を行う際に、向き合っている課題をシンプルにどう要約し、伝えるかをイメージして記載するとよいでしょう。

図 13-3　課題の記載例

13-1-3　手法・価値の書き方

手法と価値の記載例は図13-4です。これらの背景にはコンセプトダイヤモンドの考え方が紐づいています（第6章参照）。本事例においてコンセプトダイ

ヤモンドは図13-5のように記載できます。

　利用者が得る成果・状態である価値は具体的な体験の連鎖である体験ストーリーを通じて支えられます。体験ストーリーに織り込まれている、提供するうえで必要な機能があり、機能の要約として提供するものを手法として明確に定義します。**課題から手法、価値への縦のつながりと、価値を体現する体験ストーリーとしての横のつながりがロジックの破綻なく成立しているかどうか**を記載時に意識しましょう。

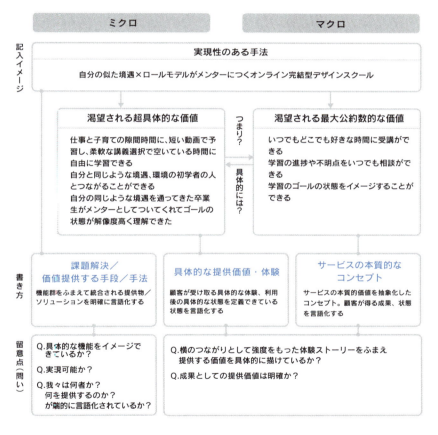

図13-4　手法・価値の記載例

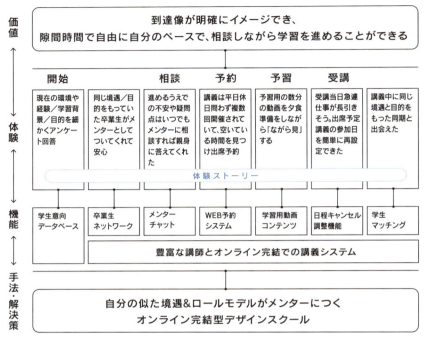

図 13-5　コンセプトダイヤモンドの記載例

13-1-4　コンセプトのつながりと注意点

　コンセプトを VDS に記載するときの注意点とつながりの全体像が図 13-6 です。顧客、課題、価値に対して、確信を得るに足る解像度・具体性をもってミクロのコンセプトを言語化できているか、同時に抽象度を高めて要約された言葉に落とし込み、量の観点と向き合い確証を得るに足るマクロのコンセプトを描けているか。そして、マクロとミクロの 2 つのコンセプト間で整合性があるかどうかに注意しましょう。

　また、コンセプトの 4 つの要素間のつながりも忘れてはいけません。顧客と課題はつながりがあるか、手法を通じて課題は価値に転換できるか、縦の短文でコンセプトをとらえたときに整合性のある一文となっているかも意識しましょう。

第 13 章　VDS の書き方

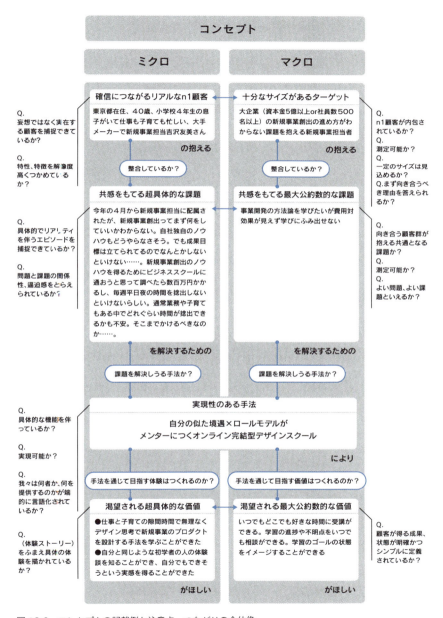

図 13-6　コンセプトの記載例と注意点、つながりの全体像

229

13-2
戦略の書き方

　事業構想では、仕組みや蓄積されるアセットを通じて体現する**実現性を伴った優位性**を描く必要があります（第3部参照）。戦略の全体像と記載例が図13-7です。「競合」「選ばれる理由と仕組み」「選ばれ続ける理由と持続戦略」の3つに分けて書き方と注意点、つながりを見ていきましょう。

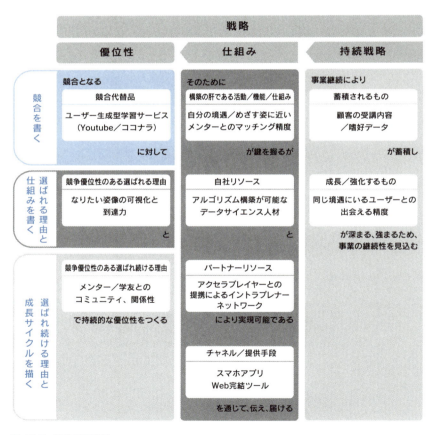

図13-7　戦略の記載例

13-2-1 競合の書き方

競合をどこに据えるかで自社の取るべき戦い方は変わります。戦い方が変わると、それを体現するために必要な要素や仕組みも変わり、その影響は利益モデル、収益性にまで及びます。競合の規定は事業の成否を分かつほどのものです。

VDSにおける競合の言語化では、とくに**コンセプトとのつながりを意識しながら企業名やサービス名称も含め、向き合うべき競合を具体的に記載**します（図13-8）。見えている競合だけでなく見えていない競合まで含めて視野を

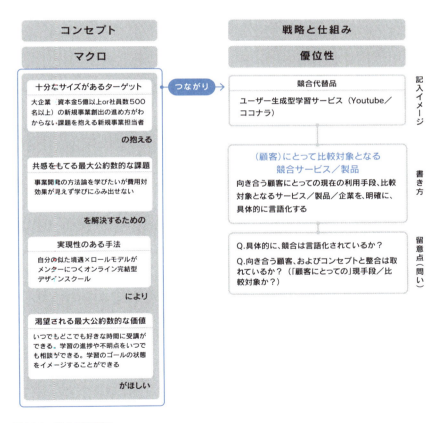

図13-8　競合の記載例

広げる競合の 4 階層（第 7 章参照）を活用しましょう。

本事例の競合を 4 階層でとらえると図 13-9 のようになります。

本事例では、海外 MBA の通信制スクールなどが完全競合に近いかもしれません。費用対効果が気になるという課題に対しては、手軽で無料でも閲覧できるコンテンツが豊富に存在する Youtube やスキルシェア系サービスなどが問題競合となります（アプローチは違えど同じ問題／課題を解決しうるもの）。

方法論を学びたい背景には、新規事業開発を通じて成果を上げる目的があります。そこだけに焦点を当てれば新規事業開発を支援するコンサルティング会社も目的競合として該当するでしょう。競合の規定はコンセプトを起点に競合候補となりうる事業者を広く眺めて言語化しましょう。

競合の言語化でもうひとつ意識したい点は、**「その競合は向き合う顧客にとっての比較対象や現在の手段となっているのか？」**です。規定された競合が、向き合う顧客にとっての比較対象や現在の手段となっていなければ意味がありません。

本事例では競合の 4 階層を用いると、海外 MBA の通信制スクールも競合の候補となりうるかもしれません。しかし見据えている顧客の、新規事業開発での成果を期待されている状況をふまえると新規事業開発以外の観点も幅広く学ぶことになる海外 MBA の通信制スクールは実際は検討候補には上がらないでしょう。

見えている競合だけでなく見えていない競合まで広げて検討はしつつも、顧客の目線は忘れずに焦点を当てる競合を見定め、言語化しましょう。

13-2-2　選ばれる理由「フック」と仕組みの書き方

フックと仕組みでは、「なぜ自社は競合ひしめく環境下で選ばれるのか、選ばれる理由はなぜつくれるのか」というストーリーを言語化します。事業者主導ではなくあくまで**顧客の判断軸に沿って自社が選ばれる理由を明確に言語化**します（図 13-10）。

選ばれる理由を実現するうえで肝となる要素を「構築の肝である活動／機能／仕組み」に記載し、その実現に必要かつ調達可能なリソースを「自社リソース」「パートナーリソース」に記載します。

第 13 章 VDS の書き方

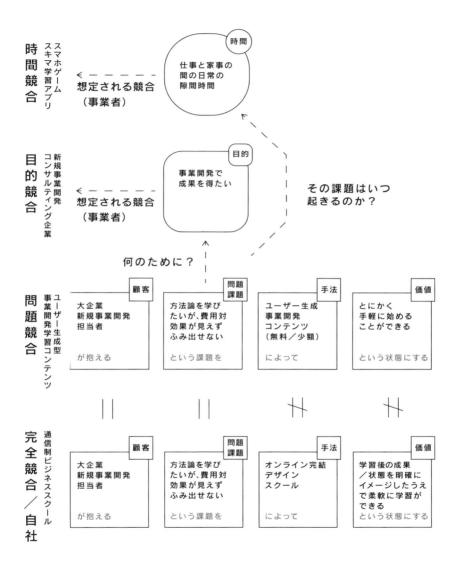

図 13-9 競合の 4 階層の記載例

233

第5部 バリューデザイン・シンタックスの実践

図 13-10 フックと仕組みの記載例

また、選ばれる理由は、サービスの届け方、顧客との接点に至るまで体現されるものです。「チャネル／提供手段」には選ばれる理由を考慮して具体的なチャネル、顧客との接点を記載します。

　フックと仕組みのつながりの背景にある優位性ツリーを記載すると図13-11のようになります（優位性ツリーは第9章参照）。

　顧客である新規事業担当者が、事業開発を学ぶ手段を選ぶ際の判断軸は、学習がしやすいという利便性や安さ、学んだ結果何を得られるのかという学びの成果、サポートなど、さまざまなものがあるでしょう。

　この中でスマホ対応や教材コンテンツの細切れ化などを通じた利便性の軸は事業者間で優劣が生まれづらい同質化軸とし、実質的に事業者間で優劣が生まれ、顧客に選ばれるかどうかを分かつ軸は「安さ」「学びの成果」「サポートの手厚さ」の3つに収斂されている環境だととらえました（判断軸、競争軸は第8章参照）。

　これらの軸の中から本事例では「学びの成果」に焦点を当て、「なりたい姿を可視化し、そこへの到達力（＝なりたい姿になれる）」が選ばれる理由であり、突き抜ける軸と据えました。

　この選ばれる理由をどう実現するのかを検討するのが優位性ツリーにおける下部領域です。「なりたい姿への到達力」をつくるには講師と教材で圧倒的な質を追求する、サボったり気を抜いたりしてしまわないように徹底的なサポート体制によってやる気とモチベーションを維持するなどさまざまな方法が考えられます。

　ここでは、なりたい姿にすでに到達し体現しているメンターとの出会いこそが「なりたい姿への到達力」の原動力になると考え、「ロールモデルとなるメンターと出会える精度」を構築の肝であるとして言語化しています。構築の肝が定まると、「優位性の源泉」へと移ります。

　「ロールモデルとなるメンターと出会える精度」を支える源泉もさまざまなものが考えられます。ここでは、「メンター自体の数とバリエーション」と「メンターと受講者を引き合わせられるデータおよびアルゴリズム」が必要であると据えました。

　それぞれ「イントレプレナーのネットワーク」をパートナーから獲得するとともに、社内のデータサイエンス人材を活かして構築の肝をつくり上げるというストーリーを描いています。

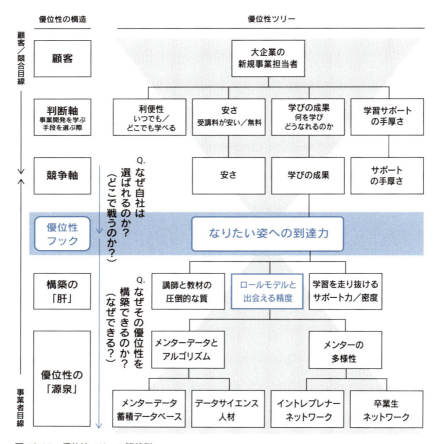

図 13-11　優位性ツリーの記載例

13-2-3　ロックと持続戦略の書き方

　ロックと持続戦略では、事業活動の継続を通じて事業自体がより強化され続ける持続サイクルと向き合います（図13-12）。ロックは振り向かせることができた顧客が自社を選び続ける理由、あるいは競合や後発に模倣されない理由を、蓄積されるものはコンセプトで明言されている内容、および仕組みで言語化した事業が提供する機能や活動を通じて、自社に蓄積されていくものの中か

ら、選ばれ続ける理由をつくり上げるために焦点を当てるべきものを記載します。データや人材、ノウハウ、顧客ネットワークなどに限らず、生活者や企業への認知や実績なども事業活動を通じて蓄積されるものです。

成長／強化するものは「**蓄積されたものは自社事業の何に還元されるのか？**」という問いへの回答です。データを蓄積することでマッチングやレコメンドの精度が上がる、認知や実績が蓄積されることで採用力が強化されるなどさまざまなものが考えられますが、何を強化することが選ばれ続ける理由に必要なのかという観点で言語化します。

ロックと持続戦略は、持続サイクル図を描くことにほかなりません（9-6節参照）。本事例では、持続サイクルを図13-13のようにとらえています。

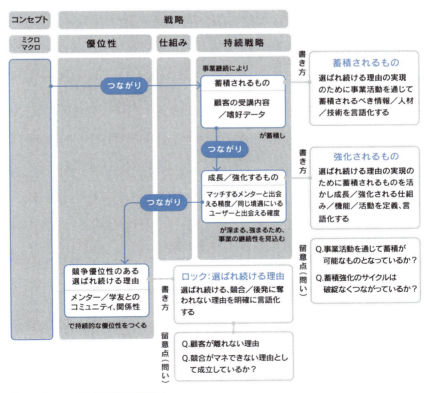

図13-12　ロックと持続戦略の記載例

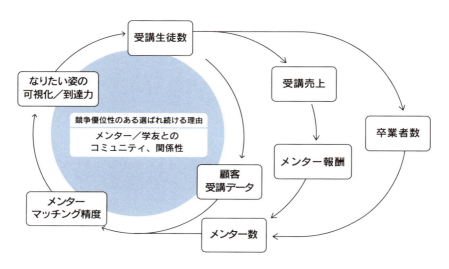

図 13-13　持続サイクル図の記載例

　受講者データが蓄積することで、ロールモデルとなるメンターと引き合わせられるマッチング精度が強化されます。マッチング精度の向上は「なりたい姿への到達力」という選ばれる理由を強化し、さらなる受講生の獲得につながります。受講生徒が増えるほど受講データは肉厚になりマッチング精度はさらに強化されていきます。

　同時に、受講生徒が増えれば、メンター候補の母数となる卒業者も増えるとともに、受講売上が拡大してメンター報酬を手厚くでき、受講者に引き合わせるメンターの数を拡大し、最終的にはロールモデルとなるメンターと出会える精度の向上へとつながります。

　これらのサイクルの中でよいメンター、よい学友と出会い続けられることが選ばれ続ける理由として昇華されるサイクルとなっています。ロックと持続戦略は3つの言語化というシンプルなものですが、その背景には持続サイクル図があります。持続サイクルは事業活動を通じて事業が持続的に強化され続けるシステムを想い描く深いテーマです。じっくり向き合いましょう。

13-2-4 戦略のつながりと注意点

戦略の記載における注意点とつながりの全体像を図13-14と図13-15に示します。顧客に求められているだけではなく、実現性をもった選ばれる理由、選ばれ続ける理由を1つのストーリーとしてシンプルかつ強固に語り切れる状態をめざしましょう。

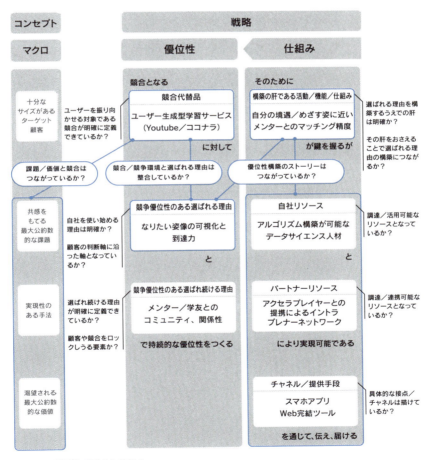

図13-14 選ばれる理由と仕組み

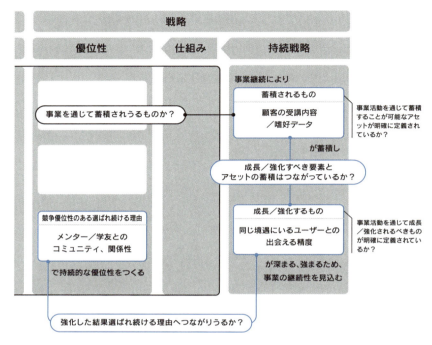

図 13-15　選ばれ続ける理由と持続戦略

13-3
利益モデルの書き方

　売上とコストのバランスと向き合う利益モデルは、ビジネスモデルの結論ともいえ、これまで言語化してきた「コンセプト」や「戦略」の各要素と密接な関係性をもちます（第4部参照）。

　利益モデルの全体像と記入例を図13-16に示します。「収益モデル」と「コスト構造と採算成立の目処」の2つに分けて書き方と注意点、つながりを見ていきましょう。

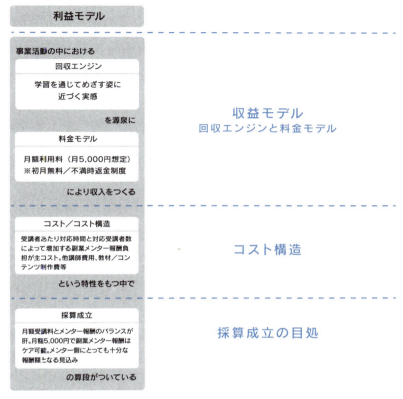

図 13-16　利益モデルの記入例

13-3-1　収益モデルの書き方

　収益モデルは回収エンジンと料金モデルにより構成されます（図13-17）。回収エンジンでは、売上獲得の源泉となるもの（体験、価値、データなど）を言語化します。料金モデルでは回収エンジンを対価として得るためのモデルを、料金モデルの4要素および料金モデルを描くうえで考慮すべき観点をふまえ、意思と意図をもって言語化します。

　本事例の売上獲得の源泉となるものを回収エンジンの3パターン（12-2節参照）をふまえて可視化したものが図13-18 です。

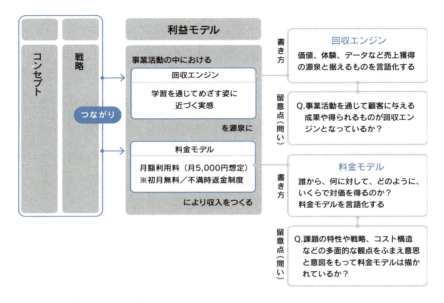

図13-17　収益モデルの記載例

　新規事業担当者が成果を求められつつも、費用対効果の曖昧さから事業開発ノウハウの習得に動き出せないという課題に対して学習の成果を明確化し、めざす姿に到達できるという価値を提供することが本事例でした。この課題および価値自体を売上獲得の源泉とすると講義に対する受講料などが思い浮かびますが、ほかのパターンも考えてみましょう。

　新規事業開発担当者には自身の知識や経験とともに、仲間が必要となるでしょう。個人の知見習得から、仲間の獲得へと課題をずらすと、仲間の提供を回収エンジンに据えたモデルもあるかもしれません。

　あるいは、個人向けのスクール事業を通じて教育ノウハウやコンテンツが蓄積されていけば、人事担当者を顧客に据えた従業員研修を料金モデルの土台にできるかもしれません。

　事業における**売上獲得の源泉（回収エンジン）をどこに据えるのかは可能性を広げたうえで絞り込み**、言語化をしてみるとよいでしょう。

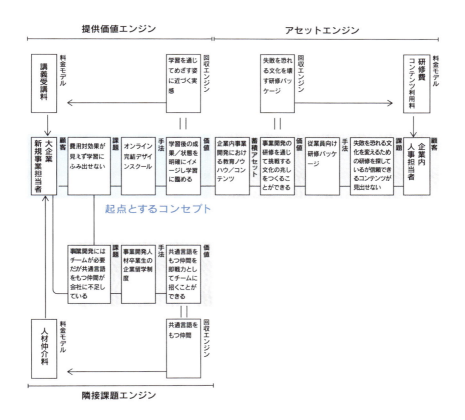

図 13-18　回収エンジンの検討例

　料金モデルは「支払い主体」「支払い対象」「支払いタイミング」「支払い価格」の4つの要素で規定されます。これらはビジネスモデルを構成する他要素と密接につながっており、少なくとも考慮すべき観点として6つの整合性がありました（12-4 節参照）。

　意思決定構造整合では、利用者となる担当者は費用対効果が見えないことへの課題を感じているという前提からも利用前に大幅な費用負担が発生するようなモデルは避けるべきでしょう。

第5部　バリューデザイン・シンタックスの実践

　戦略整合では、顧客の受講／志向データの蓄積が選ばれ続ける理由をつくり上げるうえで重要視している中で、受講するたびに費用が発生するような、受講データの蓄積を妨げるようなモデルは避けるべきでしょう。

　こうして6つの観点を考慮したうえで本事例における設計思想は図13-19のように規定しています。学びへの一歩をふみ出せない顧客を後押しするような、価値の実感に応じて費用負担が連動する料金モデルを優先すべきであるという思想です。

　設計思想に基づき本事例では、初月無料の月額課金制とし、めざす姿への到達実感が得られていない場合は返金を受け入れるリスクを背負う料金モデルを描いています。

　競合のモデルを模倣し、何となく料金モデルを描くのではなく、さまざまな観点をふまえ意思と意図をもって明確に言語化、記載できる状態をめざしましょう。

我々が重視すべきは、

顧客価値特性と意思決定特性の観点	から生まれる
目指す姿へ近づく実感が支払い意欲の高まる瞬間、初期の大幅な負担は避けたい	という要求／要素であり
学習を始めるハードルを徹底的に下げるめざす姿の到達実感と費用負担が連動する	のような／が重視される料金モデルであるべきであり、
講義ごとに費用が発生する学び始める前に費用が発生する	のような／が重視される料金モデルは避けるべきである。

図13-19　設計思想の記載例

13-3-2　コスト構造と収益成立の目処の書き方

　コスト構造では、価値提供、規模実現、維持運営、立上げ／強化の4つのコスト（第11章参照）のうち、どのコストがヘビーなのかを具体の費目とともに言語化すると同時に、増え方の特性についても言及できるとよいでしょう。

　採算成立の目処についてもエコノミクスの4階層（第10章参照）をふまえ、焦点を当てるべきエコノミクスおよび成立の見込みや目処についてすでに言及できるものがあれば記載します（図13-20）。

　本事例で想定されるコストをコストの4分類をもとに図13-21で示します。

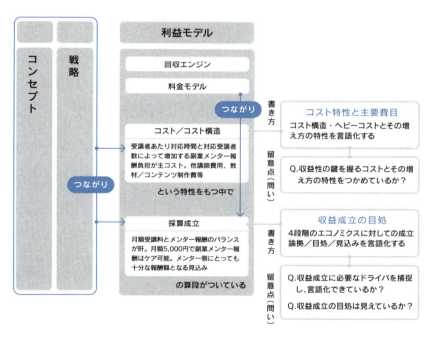

図13-20　コスト構造と収益成立の目処の書き方

第5部　バリューデザイン・シンタックスの実践

コストの4分類と意味合い		（財務／管理）会計上費目との関連と該当コスト想定	
価値提供コスト	1回の取引、1回の価値提供1回の単価獲得を実現するために発生するコスト	変動費系原価	メンター報酬／サーバー費
		変動費系販売費	特になし
規模実現コスト	ユーザー数、顧客数を拡大するためにかかるコスト	変動費系販売費	顧客獲得費用、マーケティング活動費
維持運営コスト	事業を維持運営するためにかかるコスト	一般管理費全般	通信費／雑費／バックオフィス人件費／運営人件費etc.
		固定費系原価	講師報酬／教材・コンテンツ制作費
立上げ／強化コスト	事業立上げ、追加機能開発等の価値強化にかかるコスト／投資	投資／開発経費	開発人件費

図 13-21　コスト構造の記載例

　事業運営にあたっては、サーバー費や講義コンテンツの開発費、講師費用、受講生獲得のためのマーケティング費用などさまざまなコストが発生し、講師への報酬や教材／コンテンツ制作費用もヘビーコストとなります。

　この中でおそらくもっとも重くかつ焦点を当てるべきコストは、受講者のロールモデルとして存在し、日々の悩みの相談を受けたり学習をサポートするメンターに支払う費用です。受講生に成長した姿を示し、成長実感を得るために学習をサポートするメンターは本事業構想における価値の要です。

　メンター費用の増え方の特性は、メンターの雇用形態や報酬支払いの仕方次第です。ロールモデルと出会える精度をつくり出すうえでは多くのメンターの囲い込みが必須であるため、メンターが働きやすいと思われる時給形態での報酬支払いを前提に増え方の特性を見てみましょう。

　この場合、メンター報酬は受講生徒の相談に乗ったり、学習のサポートを行う時間によって増え、また対応時間は何人の受講生をメンターとしてサポートするかによっても変わります。つまりメンター報酬は、メンターあたりの対応受講者数と、受講者あたりの対応時間の2つの要素で増える特性があるといえるでしょう。このように、コスト構造には自らの事業におけるヘビーコストとその増え方について言語化できる状態をめざしましょう。

　また本事例では、メンター報酬という価値提供コストがヘビーな特性をも

つため、4つのエコノミクスの中ではとくにバリューエコノミクスの成立が重要です（図13-22）。仮に、1人の受講者を月額5,000円、メンターの時間給を2,000円とすると、月に対応する受講者あたりの時間が120分の場合、メンターには報酬として4,000円を支払うことになります。この状態であればバリューエコノミクスは成立します。

一方でメンターにとって1人の受講者のサポートによる収入は月額4,000円です。ロールモデルとして選んでくれる受講者が20名いて、すべてに対応できれば月額8万円の報酬となります。8万円をどうとらえるかは人によって変わりますが、月報酬はメンターを惹きつける十分な額となっていなければいけません。

受講者から得る収入、メンターに支払う費用、メンターが得る報酬の3者の板挟みの中でエコノミクスを成立させられるかどうかが収益成立、事業成立上のひとつの肝となるでしょう。

VDSにおける採算成立の目処には、**コスト構造をふまえた際にどことどこをバランスさせることが肝なのか、そしてバランスさせられる目処はどこまで見えているのか**を言語化、記載しましょう。

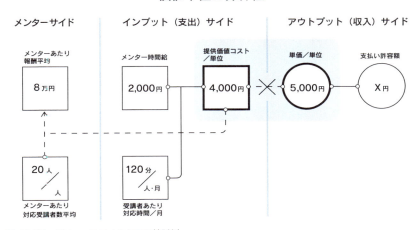

図13-22　バリューエコノミクスの検討例

13-3-3 収益性のつながりと注意点

各観点からの収益性の検討をふまえて、VDS におけるほかの要素とのつながりと注意点を図 13-23 に示します。

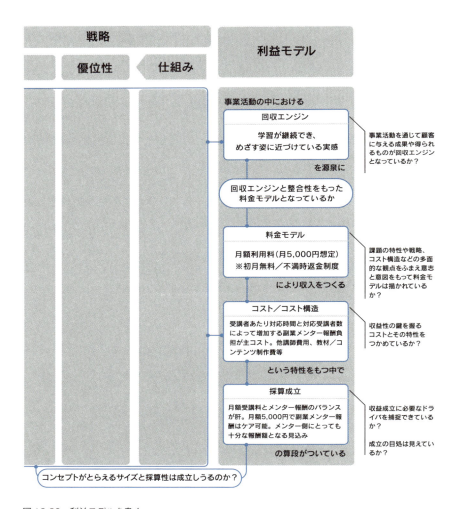

図 13-23　利益モデルを書く

13-4
VDSの書き方の全体像

　ここまで VDS を構成する 20 個の要素について書き方と注意点、つながりを解説してきました。図 13-24 に VDS の全体像の記載例を示します。それぞれの要素で意識すべき点はあるものの、考えすぎて記載できないようでは本末転倒です。

　とりあえずいま思い描いている事業構想を書き出してみることから始めてみましょう。書くと疑問や不安が可視化されます。その感覚が事業構想を加速させる第一歩となるのです。

第 5 部　バリューデザイン・シンタックスの実践

コンセプト

| ミクロ | マクロ | 優位性 |

確信につながるリアルなn1顧客

東京都在住、40歳、小学校4年生の息子がいて仕事も子育ても忙しい、大手メーカーで新規事業担当吉沢友美さん

の抱える

共感をもてる超具体的な課題

今年の4月から新規事業担当に配属されたが、新規事業創出ってまず何をしていいかわからない。自社独自のノウハウもどうやらなさそう。でも成果目標は立てられてるのでなんとかしないといけない……。新規事業創出のノウハウを得るためにビジネススクールに通おうと思って調べたら数百万円かかるし、毎週平日夜の時間を捻出しないといけないらしい。通常業務や子育てもある中でどれぐらい時間が捻出できるかも不安。そこまでかけるべきなのか……。

を解決するための

十分な市場性のターゲット顧客

大企業（資本金5億以上or社員数500名以上）の新規事業創出の進め方がわからない課題を抱える新規事業担当者

の抱える

共感をもてる最大公約数的な課題

事業開発の方法論を学びたいが費用対効果が見えず学びにふみ出せない

を解決するための

競合となる

競合代替品

ユーザー生成型学習サービス
（Youtube／ココナラ）

に対して

**競争優位性のある
選ばれる理由**

なりたい姿像の
可視化と到達力

と

**競争優位性のある
選ばれ続ける理由**

メンター／学友との
コミュニティ、関係性

で持続的な優位性をつくる

実現性のある手法

自分の似た境遇×ロールモデルが
メンターにつくオンライン完結型デザインスクール

により

渇望される超具体的な価値

●仕事と子育ての隙間時間で無理なくデザイン思考で新規事業のプロダクトを設計する手法を学ぶことができた
●自分と同じような初学者の人の体験談を知ることができ、自分でもできそうという実感を得ることができた

がほしい

渇望される最大公約数的な価値

いつでもどこでも好きな時間に受講ができる。学習の進捗や不明点をいつでも相談ができる。学習のゴールの状態をイメージすることができる

がほしい

図 13-24　VDS の記載例

第 13 章　VDS の書き方

戦略		
仕組み	持続戦略	利益モデル

そのために

構築の肝

自分の境遇／めざす姿に近い
メンターとのマッチング精度

が鍵を握るが

自社リソース

アルゴリズム構築が可能な
データサイエンス人材

と

パートナーリソース

アクセラプレイヤとの提携による
イントラプレナーネットワーク

により実現可能である

チャネル／提供手段

スマホアプリ
Web完結ツール

を通じて、伝え、届ける

事業継続により

蓄積されるもの

顧客の受講内容
／嗜好データ

が蓄積し

成長／強化するもの

同じ境遇にいるユーザーとの
出会える精度

**が深まる、強まるため、
事業の継続性を見込む**

事業活動の中における

回収エンジン

学習を通じてめざす姿に
近づく実感

を源泉に

料金モデル

月額利用料（月5,000円想定）
※初月無料／不満時返金制度

により収入をつくる

コスト／コスト構造

受講者あたり対応時間と対応受講者数
によって増加する副業メンター報酬負
担が主コスト。他講師費用、教材／コ
ンテンツ制作費等

という特性をもつ中で

採算成立

月額受講料とメンター報酬のバランスが
肝。月額5,000円で副業メンター報酬
はケア可能。メンター側にとっても十分
な報酬額となる見込み

の算段がついている

251

第5部　バリューデザイン・シンタックスの実践

第14章

VDS の活用方法

14-1
事業構想におけるVDSの活用場面

14-1-1　効果的な2つのタイミング

　VDS は、ビジネスモデルを1つの長文として言語化することで、仮説形成と仮説検証の2つのサイクルを動かすきっかけをつくり出せる、事業構想を加速させるフレームワークです。

　事業開発への経験や志向、専門性の違いを問わずどなたでも、どのタイミングからでも使える VDS ですが、主な活用場面は2つあります（図14-1）。

　1つ目は事業構想の第一歩目です。漠然としたアイデアをビジネスモデルへと引き上げていくタイミングで、考えなければいけない要素や抜けている要素、さらに要素間のつながりを明らかにし、第一歩目として行うべき行動を明快にしてくれるでしょう。

　2つ目は仮説検証を繰り返しながらビジネスモデルの精度と強度を高める事業構想の最中です。ビジネスモデルの弱点を可視化することで、より強固なものを描く手助けをしてくれます。どちらの場面からでも事業構想を加速させることができるのです。

252

図 14-1　2 つの活用場面

14-2
VDSの4つの活用ステップ

14-2-1　2つのサイクルで推進する

　VDS は**仮説形成と仮説検証の 2 つのサイクルを推進する起点であり、ハブの役割**を担います。2 つのサイクルを回すうえで次の 4 つのステップが具体的な活用場面となります（図 14-2）。
- **ステップ 1**：VDS を書く
- **ステップ 2**：認識のずれを整える
- **ステップ 3**：弱点を明らかにする
- **ステップ 4**：次にすべき行動を見出す

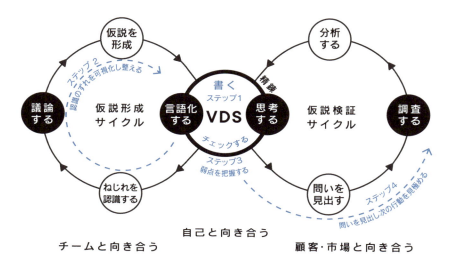

図14-2　VDSの4つのステップ

14-2-2　4つのステップ

まずはVDSを書いてみるところから始まります（ステップ1）。

次に、記載内容をチーム内で共有し、認識のずれを議論をふまえ、整えます（ステップ2）。

続いて、認識がそろったVDSに対して20の問い（後述）を用いて、ビジネスモデル検討の現在地と弱点を可視化します（ステップ3）。

そして、自らが描くビジネスモデルの弱点に優先順位をつけ、向き合うべき問いを定めるとともに、活動リスト（後述）を用いて行うべき行動を定める（ステップ4）という流れです。

その後向き合うべき問いと行動に沿って調査検証活動を行い、その結果を再度VDSに反映し、書く行為としてステップ1に戻ってくるのです。

14-2-3　何度も繰り返し行う

4つのステップ、および仮説形成と仮説検証の2つのサイクルは一周すれば終わりではなく、何度も繰り返し行われていくべきものです。

VDSの20の要素のいずれかに焦点を当て活動を行ったのちにVDSをアップデートし、チーム内の認識をそろえ、弱点を再確認します。

そして、新たな問いを規定したうえで次の検証活動に入っていくというサイクルの繰り返しによって、VDS上のすべての要素に青信号をともしていきます。

このように、仮説形成と仮説検証のサイクルを回しながら、確信と確証をあわせもつビジネスモデルとして語り切れる状態まで高めていく営みが、VDSを起点とした事業構想です。

4つのステップを1つずつ見ていきましょう。

14-3
ステップ1：VDSを書く

14-3-1　難しく考えすぎない

ステップ1はVDSを書くことです。ここまでさまざまな論点における考え方や書き方について説明をしてきましたが、**まずはとにかく書いてみる**ということに尽きます。

考慮すべきこと、おさえるべき考え方、適切な書き方はあるものの、それらを意識しすぎたために書く手が止まってしまうのは避けるべきです。まずはとにかく書いてみる。

書く、あるいは書こうとすることで事業構想の現在地が浮かび上がり、事業構想が動き出します。難しく考えすぎず、とりあえず書いてみることが第一歩目です（図14-3）。

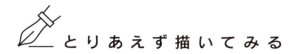

書き出してみることで「あやしい」ところが浮かび上がる

図 14-3　VDS を書く

14-4
ステップ2：認識のずれを可視化し統合する

14-4-1　1つの要素の変化が及ぼす影響

　ビジネスモデルは共通の課題を抱える顧客が渇望する価値を、実現可能な仕組みを通じて提供し、競合と本質的に差別化することで利益を生み出し続ける構造です（1-2 節）。ビジネスモデルという言葉の曖昧さと事業構想プロセスの複雑さから、事業構想ではチーム内での認識のずれが数多く発生します。

　リーダーは若年層を顧客に据えていたがメンバーは高齢層をイメージしていた、選ばれる理由は圧倒的な価格の安さと思っていたがサポートの手厚さを最重要視するメンバーがいたなど、認識のずれはビジネスモデルの各要素で起こりえます。

　ビジネスモデルは要素間に密接なつながりがあり、1つの要素が変わるとドミノ倒しのようにほかの要素へ影響が及ぶため、チーム内での認識をそろえることは非常に重要です。

14-4-2　認識がずれる4つのパターン

　一言で認識のずれといってもいくつかのパターンがあります（図 14-4）。

　縦軸は認識のずれ方を示し、表現や書き方レベルのずれなのか、そもそも

の切り口や焦点がずれているのかという分類です。横軸は認識のずれが生じるタイミングを示し、検証前か検証後かという分類です。検証前の認識のずれとなる①や②は、認識のずれが仮説の可能性の拡張に寄与するため、むしろ受け入れるべきものとなります。

一方、③や④は検証後の認識のずれとなりますが、とくに注意すべきは④です。「定量調査を通じて向き合うべき顧客ターゲットを都心在住の高齢者層に定めたつもりだったが、他メンバーは郊外在住に焦点を当て検討を進めていた」というような状況です。

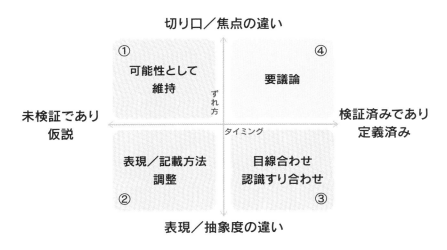

図14-4 認識がずれるパターン

④の場合はなぜ、どのように認識がずれているのかを明らかにしたうえで、これまでの検討状況や調査を通じて得た情報などを振り返りながら、チームの認識をすり合わせる議論が必要となります。

各人が書き上げたVDSをチーム内で共有、発表しあうことで認識のずれが生まれている箇所を特定し、その認識のずれが表現や抽象度の違いでしかないのか、そもそもの切り口や焦点から認識がずれているのかを把握したうえで、議論を経てチームとして1枚のVDSへ統合する活動がステップ2です。

14-5
ステップ3：現在地を可視化し弱点を見出す

14-5-1　各要素の検討レベルを見る

　チーム内での認識に基づいた1枚のVDSが書き上がると現在地／弱点の把握へ移ります。VDSを書き上げてみると、「n1顧客はインタビューを経ているので実在する確信があるが、価値は本当に顧客に受け入れられるのかはまだ確信をもてていない……」といったように、手ごたえのある要素と曖昧で不安を感じる要素が如実に浮かび上がります。

　VDSを書き上げた際に、相対的に検討レベルが低いものがすなわち優先的に検討すべき弱点となります（図14-5）。

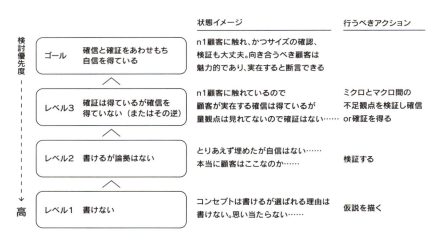

図14-5　ビジネスモデル各要素の検討レベル

14-5-2　20の問いで弱点を見出す

　弱点の可視化には、VDSの20個の要素それぞれへの問いを言語化した「20の問い」（図14-6）を用います。

　それぞれの問いに胸を張って「YES」と答えられるかどうか、答えられない場合は対象とする要素に対して、検討レベルはどこに位置づくのかを確認しながら各要素の検討状況を可視化します。

　実際の作業では、書き上げたVDSと20の問いを突き合わせ、各要素に対して付箋をVDS上に貼り付けて、ビジネスモデル、事業構想の現在地と弱点を浮かび上がらせます。

　青色は確信と確証をあわせもち「YES」といえる要素、空色は確信と確証いずれかのみ、灰色は書けるが論拠はないため「NO」、該当要素が書けていない場合は黒色です（図14-7）。

　合わせて20の問いに対して「YES」といえるのであればその理由／論拠を、「NO」であれば「YES」にするためにはどのような活動をすべきかを付箋に記載します。

　すべての要素に青信号が灯るかのように、**確信と確証をもって20の問いすべてに「YES」といい切れる状態をめざす**のです。

　20の問いに対して「NO」を示す灰色や空色、黒色の場合は「YES」にするためのアクションを記載するわけですが、20個ある要素それぞれにおいて行うべき活動や行動は変わります。

　n1顧客が「NO」の場合はn1を探索するためのインタビューやヒアリング活動、ターゲット顧客が「NO」の場合は定量調査をするとよいでしょう。コスト構造が「NO」の場合は競合／類似事業者の財務リサーチや識者ヒアリングを行う必要があります。

第5部　バリューデザイン・シンタックスの実践

		構成要素	向き合うべき問い
コンセプト	ミクロ	リアルな n1 顧客	その顧客は自らが向き合うべき顧客であり、実在しているか？
	ミクロ	具体的な課題	その課題／問題は逼迫性を伴い、支払意欲を伴う問題／課題か？
	ミクロ／マクロ	実現性のある手法	手法、および機能は顧客に渇望され、かつ、実現できうるものか？
	ミクロ	超具体的な価値	その価値／具体的な体験を顧客は渇望しているか？
	マクロ	ターゲット顧客	その顧客は自らが向き合うべき顧客であり、一定のサイズは見込めるのか？
	マクロ	最大公約数的な課題	その課題／問題は、多くの人が悩み、解決が広く求められている問題／課題か？
	マクロ	最大公約数的な価値	その価値は、多くの人に受け入れられ、求められるものか？
戦略	優位性	競合代替品	その競合は自らが向き合うべき競合であり、顧客にとっての比較対象となっているか？
		選ばれる理由（フック）	その選ばれる理由により、本当に顧客を振り向かせることができるのか？
		選ばれ続ける理由（ロック）	その選ばれ続ける理由で、本当に顧客をロックできるのか？　競合／後発参入に対する参入障壁、マネされない強さをもっているのか？
	仕組み	肝となる活動／機能／仕組み	その肝の構築ができれば、本当に、めざすフックの構築につながりうるのか？
		自社リソース	その自社リソースは実現／活用可能か？
		パートナーリソース	そのパートナーリソースは実現／活用可能か？
		チャネル／提供手段	そのチャネル／提供手段はめざすフックの構築につながるのか？
	持続戦略	蓄積されるもの	その蓄積されるものは、事業活動を通じて本当に蓄積することができるのか？
		成長／強化するもの	その成長強化するものは、蓄積されるものを通じて本当に強化されるのか？そして、目指すロックの構築につながりうるのか？
利益モデル		回収エンジン	その回収エンジンは支払い者が対価を払うほどの強さを備えているか？
		料金モデル	その料金モデルは自らの事業にとって最善であり、顧客に受け入れられるモデルなのか？
		コスト	そのコスト／コスト構造は実態とかい離していないか？
		採算成立の目処	本当に収支バランスは成立しうるのか？

図 14-6　向き合うべき 20 の問い

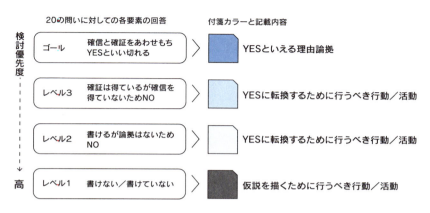

図 14-7　現在地と弱点を可視化する

14-5-3　確信と確証をつくる活動リスト

　VDS の 20 の要素ごとに確信もしくは確証を得るために必要な行動をまとめた活動リストが図 14-8 です。

　記載した VDS に対して 20 の問いで各要素をチェックすると図 14-9 の状態となります。VDS 上に確信と確証に対する「YES」「NO」があり、「YES」の場合はその論拠、「NO」の場合は活動リストをふまえて「YES」にするための活動が言及されている状態です。

　これが現在地の可視化であると同時に、ステップ 3 である弱点の可視化のゴールとなります。

コンセプト

		ミクロ	マクロ
		確信につながる リアルなn1顧客	十分な市場性の **ターゲット顧客**
	問い	その顧客は自らが向き合うべき顧客であり、実在しているか？	その顧客は自らが向き合うべき顧客であり、一定のサイズは見込めるのか？
マクロでとらえ ロジックと数字で 自信を得る	確証		フェルミ推定／ 定量調査（顧客規模検証）
ミクロに飛び込み 解像度とリアリティから 自信を得る	確信	顧客と出会い、つながるための活動（展示会参加など）、インタビュー、プリセールス活動	
		共感をもてる 超具体的な課題	共感をもてる 最大公約数的な課題
	問い	その課題／問題は逼迫性を伴い、支払意欲を伴う問題／課題か？	その課題／問題は、多くの人が悩み、解決が広く求められている問題／課題か？
マクロでとらえ ロジックと数字で 自信を得る	確証		フェルミ推定 定量調査（課題検証）
ミクロに飛び込み 解像度とリアリティから 自信を得る	確信	インタビュー・行動観察を通じた真因把握／検証 課題インパクトの定量試算	
		実現性のある手法	
	問い	手法および機能は顧客に渇望され、かつ、実現できうるものか？	
マクロでとらえ ロジックと数字で 自信を得る	確証	ブループリント設計（要件の具体化／ロジックとしての成立）	
ミクロに飛び込み 解像度とリアリティから 自信を得る	確信	プロトタイプ制作／体験実証／PoC	
		渇望される 超具体的な価値	渇望される 最大公約数的な価値
	問い	その価値／具体的な体験を顧客は渇望しているか？	その価値は、多くの人に受け入れられ、求められるものか？
マクロでとらえ ロジックと数字で 自信を得る	確証		定量調査（コンセプトシート） クラウドファンディング ／事前申込LP
ミクロに飛び込み 解像度とリアリティから 自信を得る	確信	人力による体験実現を通じた数名への価値検証（コンシェルジュMVP）	

図 14-8　確信と確証をつくり出すための活動リスト

戦略			利益モデル
優位性	仕組み	持続戦略	
競合代替品	**構築の肝である 活動／機能／仕組み**	**蓄積されるもの**	**回収エンジン**
その競合は自らが向き合うべき競合であり、顧客にとっての比較対象となっているか？	その肝の構築ができれば、本当に、めざすフックにつながりうるのか？	その蓄積されるものは、事業活動を通じて本当に蓄積することができるのか？	その回収エンジンは支払者が対価を払う強さをもてているのか？
定量調査／競争環境リサーチ	優位性ツリー設計／構築ロジックの精査	ブループリント設計 蓄積ロジックの構築	他社事例リサーチ 定量調査／プリセールス活動
インタビュー（判断軸と競合、代替手段の検証）	オペレーション、体験、データシステムの詳細設計	オペレーション、体験、データシステムの詳細設計	顧客インタビュー（支払意欲／意向）有償クローズド POB
競争優位性のある 選ばれる理由	**自社リソース**	**成長／強化するもの**	**料金モデル**
その選ばれる理由により、本当に顧客を振り向かせることができるのか？	その自社リソースは実現／活用可能か？	その成長強化するものは、蓄積されるものを通じて本当に強化されるのか？ そして、目指すロックの構築につながりうるのか？	その料金モデルは自らの事業にとって最善であり、顧客に受け入れられるモデルなのか？
定量調査（コンセプトシート）クラウドファンディング／事前申込 LP	活用メリットや意義／位置づけの具体設計（調達できる理由の言語化）	ブループリント設計 蓄積ロジックの構築	他社事例リサーチ／定量調査／プリセールス活動
人力による体験実現を通じた数名への価値検証（コンシェルジュ MVP）	経営層や事業部／アセット保有部署との会話／交渉	オペレーション、体験、データシステムの詳細設計	有償クローズド POB
競争優位性のある 選ばれ続ける理由	**パートナーリソース**		**コスト**
その選ばれ続ける理由で、本当に顧客をロックできるのか？ 競合／後発参入に対する参入障壁、マネされない強さをもっているのか？	そのパートナーリソースは実現／活用可能か？		そのコスト／コスト構造は実態とかい離していないか？
持続サイクルの再検討／精緻化（ロジックとしての成立）	活用によるパートナーメリット／シナジーの設計・論拠の構築		識者インタビュー／類似ビジネスモデルコスト構造リサーチ／ブループリント設計
インタビュー 一定期間クローズド PoC	パートナー企業との会話／交渉		POC／体験実証／プリセールス活動（コスト感／数値感の取得）
	チャネル／提供手段		**採算成立**
	そのチャネル／提供手段はめざすフックの構築につながるのか？		本当に収支バランスは成立しうるのか？
	UI／UX の全体設計		収支シミュレーション（オープンデータ、識者ヒアリングベース）
	人力による体験実現を通じた数名への体験検証（コンシェルジュ MVP）		収支シミュレーション（各種検証を用いた実データベース）

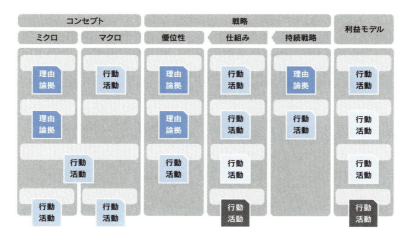

図14-9　現在地と弱点の可視化イメージ

14-6
ステップ4：ネクストアクションを見出す

14-6-1　向き合う弱点の優先順位をつける

　ステップ3で弱点として浮かび上がった事柄を検証活動によってYESに転換していくのですが、活動リストに記載されている通り、要素ごとに次に取るべき活動は異なります。

　さらに、いずれかの要素が変わるとほかの要素へも影響が及ぶため、複数の弱点が可視化されたとしてもすべての弱点に紐づく活動を一気に行うべきではありません。

　可視化された弱点の中で優先順位を設け、次に向き合うべき問いを見定める必要があるのです（図14-10）。

　弱点の中での優先順位は「検討レベル」と「ビジネスモデルの構造上の優先

度」によって定まります。

　検討レベルとはステップ3で解説した内容です。要素を「書けていない状態」が検討レベルとしてもっとも浅く、優先度は高くなります。以降、「書けるが論拠がない」「確信、確証のいずれかの論拠は得ている」の順で優先度は低くなります。

　一方、ビジネスモデルの構造上の優先度ですが、VDSの20個の要素はビジネスモデル全体への影響度が異なります。**もっとも重要度の高いものはビジネスモデルの幹となるコンセプトに関する要素**です。

　その中でもとくに「課題」は優先度がもっとも高く、優先的に確信と確証を得ていくべき要素です。優先度は続いて「顧客」「手法・価値」の順となり、その後は戦略、利益モデルへと続きます。

図14-10　20の要素間の優先度

14-6-2　総合的な観点で次の行動を定める

　もちろん利益モデルやコスト構造、採算成立の目処をもおさえておかなければ、社内の意思決定は突破できません。しかし、コンセプトが変わると利益モ

デルの前提が大きく変わってしまうのです。

　つまり、弱点と据えた要素がVDS上の左側にあればあるほど優先度は高いととらえます。

　ステップ3で弱点として可視化した付箋を「検討レベルの優先度」と「ビジネスモデルの構造上の優先度」の2軸を組み合わせたマップ上にプロットします（図14-11）。すると、とくに優先して向き合うべき弱点と行うべき活動が見えてくるでしょう。

　弱点の優先順位を定められると、次に向き合うべき問いと行うべき活動が定まります。最終的には図14-12のようなネクストアクションシートを用いて言語化し、チーム内での認識をそろえたうえで検証活動へ進みます。

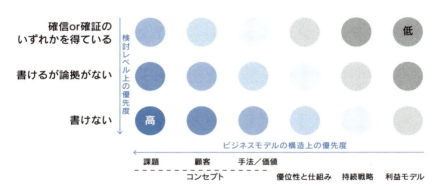

図14-11　優先度づけマトリクス

14-7
VDSを用いた事業構想サイクル

　ここまで述べてきたVDSの活用の流れを振り返ると、VDSを書き（ステップ1）、認識をそろえ（ステップ2）、検討の現在地と弱点を可視化し（ステップ3）、優先順位に基づき向き合うべき問いと行動を見定め（ステップ4）、行

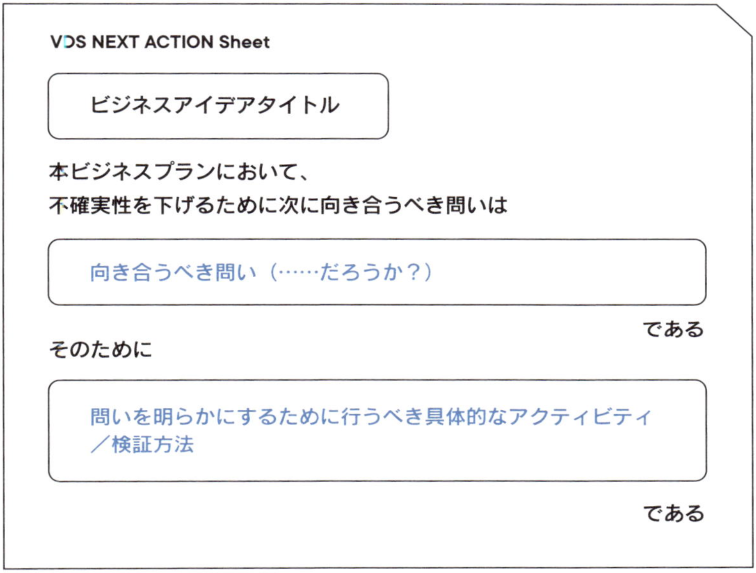

第 14 章　VDS の活用方法

VDS NEXT ACTION Sheet

> ビジネスアイデアタイトル

本ビジネスプランにおいて、
不確実性を下げるために次に向き合うべき問いは

> 向き合うべき問い（……だろうか？）

である

そのために

> 問いを明らかにするために行うべき具体的なアクティビティ
> ／検証方法

である

図 14-12　ネクストアクションシート

動するという流れです（図 14-2 参照）。

　これらのステップを繰り返しながら、最終的には VDS のすべての要素に対して胸を張って「YES」といえる状態まで走り続けます。VDS をハブとすることで、仮説形成迷子と仮説検証迷子（1-5 節参照）を防ぎながら、事業構想を前に進めていくことができるのです。

　以降の節では、VDS を活用するうえで深く立ち入らなかったけれども考慮すべきいくつかの観点について補足します。

14-8
市場規模（TAMSAMSOM）とVDS

14-8-1　市場規模とは何か

　新規事業のビジネスモデルのポテンシャルをはかる際、市場規模の金額ベースでの試算、可視化は必ずといっていいほど行われます。多くの起案者が市場の可視化手法としてTAMSAMSOMの考え方を用いています（図14-13）。

　TAM（Total Addressable Market）は可能性として広がりうる最大の市場規模、SAM（Serviceable Available Market）は自社が獲得しうる最大の市場規模、SOM（Serviceable Obtainable Market）は自社が実際に獲得できうる市場規模のことです。

　市場を階層的にとらえ、事業市場の大きさとポテンシャルを定量化する手法ですが、実務でTAMSAMSOMをどう定義するかは悩ましいポイントの1つです。

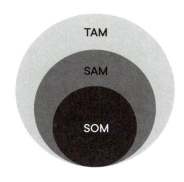

図14-13　市場の構造化：TAMSAMSOM

14-8-2 市場を金額ベースでどのように定量化するか

　第4章にて、人数ベースの市場とは共通の課題を抱える顧客の群であると定義をしました。そのうえでTAMSAMSOMで向き合う市場(金額ベース)とは、「何かに困っている人がその困りごとを解決するために使った消費の集合体」を指します。つまり、金額ベースの市場を構成する要素は「誰の」と「どの消費」の2つであり、この積が「市場規模」となります。そしてこの「誰」と「消費」をどう区切るかによって生まれるのが市場の構造化であり、TAMSAMSOMへと変換されます(図14-14)。

　VDSとの関係性は、向き合う顧客が支払い主体となるのであればコンセプトで定義をされた共通の課題認識をもつ顧客が「誰の」にあたり、課題や価値、料金モデルを通じて対価を得るうえでの顧客のお金の出所／消費の位置づけにあたるものが「どの消費」となります。

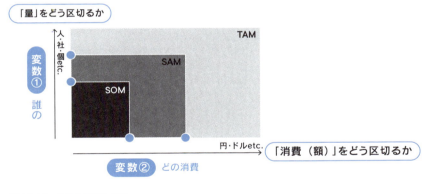

図14-14　市場を構造化する

　ただし、「誰」と「どの消費」を何に据え「どう区切るか」は、「**事業の可能性をどう魅せるか？」という側面もからむため、非常に自由度が高いもの**です。その意味で、市場の定量化は起案者やチームが事業に込めた思いや成長の道筋、思惑を反映し、可視化するものともいえるでしょう。以下、2つの事例で詳細を見ていきます。

14-8-3 テキストメディアプラットフォーム市場の構造化

たとえば、オンライン上で個人が自由にテキスト記事を執筆・発信できるようなメディアプラットフォーム事業におけるTAMSAMSOMは図14-15のようになるかもしれません。

- **TAM**：世の中に流通するすべてのデジタルコンテンツ消費
- **SAM**：オンライン上で流通するデジタルコンテンツ消費
- **SOM**：上記のうち、オンラインで流通するテキスト形式のコンテンツへの消費

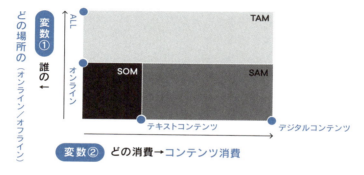

図14-15　テキストメディアプラットフォーム事業の場合

目先のマーケットとしてはオンライン上のテキストコンテンツの流通に伴う消費をとらえつつも、将来的にはオンラインだけでなくオフラインへ、テキストコンテンツだけでなく動画や音声なども含めたデジタルコンテンツの流通に伴う消費(市場)を見据えるという成長への思惑、メッセージが読み取れます。

14-8-4 中小企業向けアウトソース市場の構造化

別の事例として、中小企業向けにビジネスアウトソースサービスを提供する事業のTAMSAMSOMを示します(図14-16)。

- **TAM**：BPO への課題感をもつ中規模以下企業が抱えるアウトソース消費
- **SAM**：上記のうち、非 IT 系 BPO 領域
- **SOM**：上記のうち、自社対応サービス領域におけるアウトソース消費

図 14-16 □小企業向けアウトソース事業の場合

　1つ目の事例とは異なる市場の区切り方をしています。「誰の」の軸はアウトソースに課題感を抱える中小企業と固定し、BPO消費における範囲をIT系、非IT系、すべてのアウトソース消費と区切ることで市場を構造化しています。ユーザーセグメントを広げるのではなく、中小企業というセグメントの中でBPO消費をおさえ、広げていくというメッセージが込められています。

　金額ベースの市場を構成する要素は誰の（どこの）、どの消費という2つであり、市場を構造化するとは2つの変数をどう区切るかであり、事業をどう育てようとしているのかもふまえて描くべきことです。

　VDSの全体像や成長ストーリー（第4章参照）も鑑みて、金額ベースの市場規模（TAMSAMSOM）の定義、試算と向き合いましょう。

第5部　バリューデザイン・シンタックスの実践

14-9
2サイド／マルチサイドビジネスにおける VDS活用

14-9-1　複数枚のVDSで対応する

　VDSの基本形は1つの顧客を起点にビジネスモデルをつむぎますが、昨今のビジネスの中には顧客が2人、あるいはそれ以上存在するようなビジネスモデルも多く存在します。売り手と買い手をつなぐマッチングプラットフォームなどが代表的でしょう。

　顧客が複数存在するビジネスは、向き合う顧客それぞれに対しての価値提供を1つの場を通じて実現する必要があるため、単一の顧客に対してのビジネスに比べると成立させる難易度は高くなります。向き合う顧客が複数いる場合は、それぞれの顧客に対して価値提供が行われることとなるため、VDSを活用するうえでは、それぞれの顧客を起点に据えて複数枚書く必要があります（図14-17）。

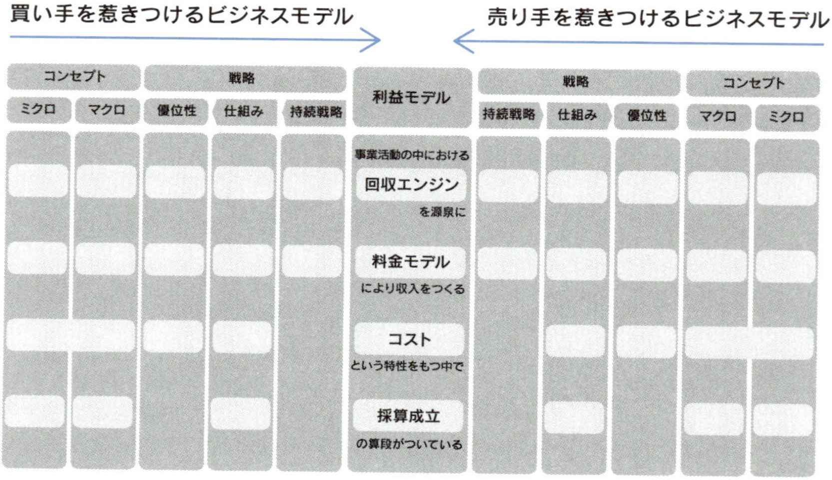

図14-17　2サイドビジネスにおけるVDS活用イメージ

第 14 章　VDS の活用方法

　左右に売り手と買い手を主語としたコンセプトを据え、それぞれに対して選ばれる理由と仕組みがあり、双方に対する価値提供をふまえた利益モデル、コスト構造、採算成立の目処が中央へと帰結していく構造です。

　2サイド型の事業を構想する場合は、必要に応じて VDS を改良したうえで言語化と向き合うとよいでしょう。

14-10
BtoB事業におけるVDS活用

14-10-1　顧客に誰を据えるか

　VDS を事業構想の現場で活用する際に**「自社から最終顧客に至るまでの商流の中で顧客に誰を据えて言語化すべきか?」**という疑問がよく生まれます（図14-18）。

　たとえば部品メーカーに勤める新規事業担当者が、子どもの虫歯治療時の痛みに関する課題を解決したいと思いたち、部品加工技術を活かした痛くない虫歯治療機器を構想しているとします。この場合の顧客は、子ども／親、歯科医、医療機器メーカーの誰に据えるべきでしょうか?

　部品メーカーとしての事業を検討している場合は直接的な顧客（医療機器メーカー）を起点に据えるべきであり、これまでの商流を乗り越え子どもや親に直接価値提供、製品提供をしていくような事業を検討しているのであれば、エンドユーザーとなる子どもや親を顧客に据えるべきです。歯科医向けソリューションであれば歯科医となり、部品納入を構想する場合は医療機器メーカーとなります。

　ただし、医療機器メーカーを顧客として描く場合にエンドユーザーである子ども／親を無視して描くわけではありません。エンドユーザーとなる子ども／親が抱える課題は歯科医、医療機器メーカーに求められていることでもあり、

273

対応すべき課題として反映されるべきものです。

　エンドユーザーの意向が顧客の動向や課題に強く影響を与える場合はエンドユーザーの意向や課題を把握したうえで、直接的に事業を提供する顧客の課題の特定、言語化と向き合いましょう。

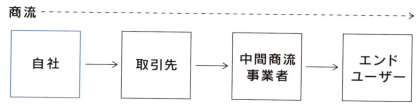

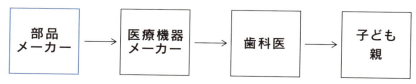

図14-18　顧客に誰を据えるべきかを考える

14-11
VDSにおける発想の起点

14-11-1　起点となる5つのパターン

　VDSの文章は「n1顧客」から始まる構造となっていますが、構想の起点はすべてが顧客から始まるというわけではありません。代表的に5つのパターンがあります（図14-19）。

- **パターン1**：目の前の顧客や逼迫感あふれる課題の現場を目のあたりにしたことから始まる
- **パターン2**：社会課題や社会トレンドという比較的大きな問題を起点に構想が始まる
- **パターン3**：水を安心して飲める世界、誰もが教育を平等に受けられる世界をつくりたいといったようなビジョンから具体的な課題や顧客に落とし込む
- **パターン4**：自社のアセットやケイパビリティを起点に、解決できうる課題の探索を進める
- **パターン5**：季節変動による既存事業の収益の不安定感を脱却するために安定的な収益モデルやB/Sへの影響の低い脱アセットビジネスをめざすなど収益モデルやコスト構造を与件として始まる

　企業内における事業開発はさまざまなきっかけから構想検討が始まるものです。発想の起点は必ず顧客からであるべき、というものではありません。ただし、構想の起点がどこから始まるかにせよ、まず見極め描くべきは、「顧客」「課題」「手法」「価値」の4つ要素により規定されるコンセプトであることは変わりません。

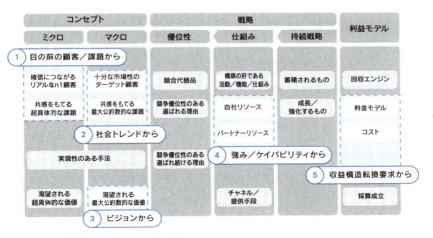

図14-19　事業構想におけるさまざまな起点

14-12
企業内事業開発を前に進めるための4つの観点

14-12-1 ビジネスモデル以外におさえておくべきこと

　事業構想の起案者が向き合う6つの問い（市場性、受容性、優位性、収益性、実現性、持続性）はビジネスモデルに対して意思決定者が求める観点です。

　しかし、企業内で事業開発を前に進めるうえで**意思決定者および企業の新規事業に対する観点はビジネスモデルのよし悪しだけではありません**。

　企業内事業開発において求められる観点は4つあります（図14-20）。

図14-20　新規事業開発でおさえるべき4つの観点

　「Why Now ?」はなぜ、いまなのかというタイミングの観点です。よい問題とよい課題の観点として時流性に触れましたが（5-2節参照）、問題と課題に限らず自社の業績状況や経営戦略、競争環境等をふまえたうえでの問いとなります。

ビジネスモデル自体のよし悪しだけでなく、なぜこの事業にいま、我々（自社）は取り組むべきなのかは論拠をもって明確に言語化できる状態が必要です。

「Why This ？」はなぜ、このビジネスなのかという問いであり、ビジネスモデルの魅力に関する観点です。この配下に紐づくものが先の6つの問いであり、VDS がカバーし、向き合っている観点です。

「Why Us ？」はなぜ、我々がやるべきなのかという観点です。意義性とも表現できるでしょう。自社のミッション、ビジョンとの整合性や強みが活かせる、経営戦略との整合性が高いなどさまざまな切り口があるでしょう。

「Where To Go ？」はどこへ向かうのかという計画性の観点です。将来何をめざしているのか（ビジョン）、そのためにまず何をするのかについては、VDS で描いたビジネスモデルの将来像や向き合う顧客を定める際に用いた成長ストーリーが大いに参考となるでしょう。

14-12-2　起案者が向き合うべき問い

上記4つの観点、そして紐づく問いを整理したものが図14-21 です。企業内事業開発を前に進めるうえで起案者が答えるべき問いのリストです。VDS が直接的に向き合っているのはビジネスモデルに関する観点である「Why This?」です。

ただし、本書で解説してきた VDS を検討するうえでの背景にある考え方には、ほかの3つの観点（Why Now?　Why Us?　Where To Go?）につながる要素が散りばめられています。

「Why This?」に対して確信と確証を伴ったビジネスモデルをもって明確に答え切れるとともに、他観点についても起案者、チームとして応えられる状態をめざしましょう。

第5部　バリューデザイン・シンタックスの実践

意思決定者の目線		関連するビジネスモデル要素	向き合うべき問い
Why This? なぜ、この ビジネス なのか？	逼迫性	顧客／課題	顧客が実在し、真に解決が求められて いる課題をとらえているか？ （VDSでは市場性に内包）
	受容性	価値／解決策（手法）	価値や解決策は渇望され、受け入れら れているか？
	優位性	競争優位性	競争環境を正しくとらえ、自らのアイ デアが選ばれる、選ばれ続ける理由が 明確に定義できているか？
	実現性	仕組み	顧客に求められ、優位性を体現する仕 組みは実現できるのか？
	収益性	利益モデル	事業として採算性が成立する目処、見 込みがあることを証明できているか？
	市場性	市場	魅力的な市場をとらえているか？（十 分なポテンシャル、成長性、非効率な 業界構造など）
	持続性	持続戦略	事業活動を通じてより事業が強固にな っていくサイクルを描き、実現できて いるか？
Why Now? なぜ、 いまなのか？	時流性	着想背景／環境認識	なぜこの事業は「いま」向き合うべき なのか？
Why Us? なぜ、我々が やるべき なのか？	実効性	起案者／チーム／自社	なぜこの事業はあなた／あなたたち／ 自社だからこそ実現できるのか？ やるべきなのか？
Where To Go? どこへ 向かうのか？	計画性	ロードマップ	最終的にめざす姿は何か、その道中に おける現在地はどこで、次に何を行う べきなのか？

図 14-21　事業開発において起案者が向き合うべき問い

278

第5部 まとめ

　ビジネスモデルには数多くの構成要素があり、それらは分断されているのではなく、つながりがあります。

　つながりの意識を保ちながら、確信と確証をつくり上げる事業構想は、具体と抽象、ミクロとマクロ、部分と全体という思考の切り替えを縦横無尽に行う必要があります。

　これを個人やチームの頭の中だけで行うのは不可能であり、だからこそ事業構想は迷子になりやすいのです。

　VDSは事業構想における迷子を解消し、事業構想を加速させるフレームワークです。第5部では実際の活用に向けての書き方や活用方法、留意点について解説をしました。

　ただ一方で、いろいろなことを考えたり意識しすぎたりすると、ペンは止まってしまいがちです。

　兎にも角にも、まずは書いてみましょう。

　書くことで気になる点や曖昧なところ、書き方がわからないところ、ビジネスモデルの弱点などが浮かび上がってくるはずです。

　VDSを用いてアイデアをビジネスモデルへと引き上げ、仮説形成と仮説検証のサイクルを回してみましょう。

　新規事業開発、事業構想という難しくもワクワクできる長い旅の中で、VDSはあなたを支え、導いてくれる羅針盤のような存在となってくれるはずです。

おわりに

AI 時代の新規事業開発

　本書は執筆開始から書き上げるまでにおよそ 1 年を要しているのですが、この間にも生成 AI の浸透スピードはすさまじく、新規事業開発における私たちの支援のアプローチも大きく変わっています。

　もっとも大きな影響を受けているのは、新たなビジネスを考えるうえでの初期の環境リサーチとアイデアを生み出すステップです。旧来はインターネット上でのオープンデータの収集や書籍、ヒアリング等を通じて愚直に情報を集めていましたし、初期のアイデア発想はキーワードを掛け合わせることによる強制発想などを通じて人の力で生み出していました。

　しかし、これらはいまや生成 AI の主戦場です。ヒトの役割は、短期間に圧倒的な量をもって抽出／収集された情報や、それをもとに組み上げられた断片的なアイデアに対して、目利きし、絞り込み、整合性を伴った 1 つのビジネスモデルへと昇華させる役割を担うようになっています。まさに事業構想の領域です。

　生成 AI の浸透スピードが今後も緩むことはないでしょうが、断片的なビジネスの種を、整合性をもつ 1 つのビジネスモデルとしてつむぎあげる事業構想とそのスキルは、産業問わず新規事業への取り組みの活性化を背景に、今後より重視されるようになると思います。

そして生成AIが暮らしの中で当たり前に存在する時代、これまで以上にヒトには「問いをデザインする力」が求められます。「質問力」ともいい換えられるでしょう。

　知りたいこと、聞きたいことを背景、意図も含めどのように端的に伝えるか、これはまさに「構造化する力」と「言語化する力」、すなわち思考を整理して言葉にする「書く」ことにほかなりません。

　「断片的なアイデアや情報から1つの新しいビジネスの全体像を構想する。それを構造的にとらえて言語化する。そして、ヒト（あるいは生成AI）へ正しく伝え、新規事業を実現に向けて前に動かしていく力」が本書『事業構想を「書く」』に対して求められる力であるとともに、少しでもお伝えしたかった力なのです。

お世話になった方への御礼

　本書で語ってきた方法論と思考のすべての土台にあるのは、これまでご一緒させていただいた企業のみなさま、そして熱量と志をもって新規事業と向き合われていた担当者、チームのみなさまとの100を超える新規事業プロジェクトです。私たちNEWhとご一緒させていただいた経験を少しでも還元し、新規事業を前に進める恩返しになるといいなと思っています。

　そして、実戦での経験を抽象化、構造化した方法論は、NEWhで働く多くのプロフェッショナルメンバーの経験と思考の結晶です。本書の執筆にあ

たっては下記メンバーを中心に、多くのメンバーが関与してくれています。

- 書籍内容／方法論検討：今村健 、石塚賢 、酒井林太郎
- リサーチ：古川亮太朗、岡本あかね
- 知見提供／意見交換：神谷憲司、小池祐介、吉田航也、谷口洋、渋谷百合子、真行寺由郎、辛川翔太、飯野希、渡邉みちる、北村菜穂、木下拓郎、阿部大雅
- 販促／ PR：宮西眞美、横山詩歩
- Sun Asterisk の井上一鷹や同社で働くメンバー

また、1年間という長い期間寄り添い、多大なサポートをいただきました翔泳社の渡邊康治さん、貴重な機会のきっかけをいただいた Biz/Zine 編集長栗原茂さんにおいても、この場を借りてあつく御礼申し上げます。

書けば始まる

そして最後に。

さまざまな要素、論点に触れてきた本書ですが一番伝えたいことは、「とりあえずバリューデザイン・シンタックス」を書いてみてほしい、ということです。

考えるべきことや考慮しておくべきことは、本書で触れてきた通りたくさんあります。ただ、それらを意識しすぎて手が止まってしまうのはもっ

とも避けたいことです。

　「まずはとにかく一度書いてみる」ことが何より重要です。書くことで構想の全体像と現在地が可視化され、次に向き合うべき活動が見えてくるはずです。

　フレームワークは使われてこそ意味があります。バリューデザイン・シンタックスのひな形は無料でダウンロードできる（286 ページ参照）ので、ぜひお手元に用意し、活用してもらえるとうれしいです。

　志と熱量をもって、不確実で曖昧な新規事業開発と向き合い、戦われている起案者、推進者のみなさまへのリスペクトとともに、本書がみなさんの不安や葛藤を少しでも解消し、新規事業が一歩でも前に進む一助となれますと幸いです。

NEWh 堀雅彦

本書内容に関するお問い合わせについて

このたびは翔泳社の書籍をお買い上げいただき、誠にありがとうございます。弊社では、読者の皆様からのお問い合わせに適切に対応させていただくため、以下のガイドラインへのご協力をお願い致しております。下記項目をお読みいただき、手順に従ってお問い合わせください。

●ご質問される前に

弊社Webサイトの「正誤表」をご参照ください。これまでに判明した正誤や追加情報を掲載しています。

正誤表　https://www.shoeisha.co.jp/book/errata/

●ご質問方法

弊社Webサイトの「書籍に関するお問い合わせ」をご利用ください。

書籍に関するお問い合わせ　https://www.shoeisha.co.jp/book/qa/

インターネットをご利用でない場合は、FAXまたは郵便にて、下記"翔泳社 愛読者サービスセンター"までお問い合わせください。
電話でのご質問は、お受けしておりません。

●回答について

回答は、ご質問いただいた手段によってご返事申し上げます。ご質問の内容によっては、回答に数日ないしはそれ以上の期間を要する場合があります。

●ご質問に際してのご注意

本書の対象を超えるもの、記述個所を特定されないもの、また読者固有の環境に起因するご質問等にはお答えできませんので、予めご了承ください。

●郵便物送付先およびFAX番号

送付先住所　〒160-0006　東京都新宿区舟町5
FAX番号　　03-5362-3818
宛先　　　　（株）翔泳社 愛読者サービスセンター

※本書に記載されたURL等は予告なく変更される場合があります。
※本書の出版にあたっては正確な記述につとめましたが、著者や出版社などのいずれも、本書の内容に対してなんらかの保証をするものではなく、内容やサンプルに基づくいかなる運用結果に関してもいっさいの責任を負いません。
※本書に掲載されているサンプルプログラムやスクリプト、および実行結果を記した画面イメージなどは、特定の設定に基づいた環境にて再現される一例です。

※本書に記載されている会社名、製品名はそれぞれ各社の商標および登録商標です。

会員特典データのご案内

　会員特典データとして「バリューデザイン・シンタックス」のひな形を
ご提供いたします。以下のサイトからダウンロードして入手いただけます。

https://www.shoeisha.co.jp/book/present/9784798184166

※会員特典データのファイルは圧縮されています。ダウンロードしたファイルを
　ダブルクリックすると、ファイルが解凍され、利用いただけます。

●注意
※会員特典データのダウンロードには、SHOEISHA iD（翔泳社が運営する無料
　の会員制度）への会員登録が必要です。詳しくは、Web サイトをご覧ください。
※会員特典データに関する権利は著者および株式会社翔泳社が所有しています。
　許可なく配布したり、Web サイトに転載することはできません。
※会員特典データの提供は予告なく終了することがあります。あらかじめご了承
　ください。
※図書館利用者の方もダウンロード可能です。

●免責事項
※会員特典データの記載内容は、2024 年 9 月現在の法令等に基づいています。
※会員特典データに記載された URL 等は予告なく変更される場合があります。
※会員特典データの提供にあたっては正確な記述につとめましたが、著者や出版
　社などのいずれも、その内容に対してなんらかの保証をするものではなく、内容
　やサンプルに基づくいかなる運用結果に関してもいっさいの責任を負いません。
※会員特典データに記載されている会社名、製品名はそれぞれ各社の商標および
　登録商標です。

著者略歴

堀 雅彦 （ほり・まさひこ）

株式会社 NEWh 執行役員

日系総合コンサルティングファーム、大手 IT 企業を経て、2014 年デジタルエージェンシーに入社。マーケティングプランナーとしてデジタルマーケティング領域を中心に、各種分析を基にした戦略・改善案立案等のグロース支援を担当。2016 年 10 月からはイノベーションデザインコンサルティングファームで大手企業向けの事業開発支援に従事。その後、2021 年の NEWh 創業時から新規事業開発領域全般での支援を担うとともに、事業構想フレームワーク「バリューデザイン・シンタックス®」を開発し、リリース。2024 年 1 月に NEWh の執行役員に就任。ビジネスデザイナーとして戦略や収益性、持続性などの多面的な視点から、コンセプト開発、ビジネスモデルデザイン、実証実験計画など事業開発支援を担う。同時に、戦略／方針、仕組み、人材、風土改革など、個別新規事業プロジェクトにとどまらず、新規事業を生み出すための企業活動支援も担う。事業開発に再現性をつくり出すことで、より多くの新しい価値が世に出ていくことをめざす。

| ■ 装丁 | 小口翔平＋畑中茜（tobufune） |
| ■ 版面デザイン・組版 | BUCH⁺ |

事業構想を「書く」

ビジネスモデルを可視化し新規事業開発を加速させるフレームワーク

2024年10月23日　初版第1刷発行
2025年 1 月15日　初版第3刷発行

著者	堀 雅彦
発行人	佐々木 幹夫
発行所	株式会社 翔泳社（https://www.shoeisha.co.jp/）
印刷・製本	中央精版印刷株式会社

©2024 NEWh Inc.

本書は著作権法上の保護を受けています。本書の一部または全部について（ソフトウェアおよびプログラムを含む）、株式会社 翔泳社から文書による許諾を得ずに、いかなる方法においても無断で複写、複製することは禁じられています。
本書へのお問い合わせについては、285ページに記載の内容をお読みください。
造本には細心の注意を払っておりますが、万一、乱丁（ページの順序違い）や落丁（ページの抜け）がございましたら、お取り替えいたします。03-5362-3705までご連絡ください。

ISBN978-4-7981-8416-6　　　　　　　　　　　　　　　Printed in Japan